Heidrun Siebenhofer

Artinus

Rückkehr zur Wahrheit

AF792542

Faszinierende Erkenntnisse über die kommende Zeit

Autorin

Heidrun Siebenhofer beschäftigt sich seit 1994 mit Spiritualität. Während einer Lebenskrise machte sie eine transformierende Erfahrung, die ihr half, ihre Berufung zu finden. Seither wird sie von Engel- und Naturwesen zum Schreiben inspiriert, deren lichtvolle Energien in ihren Büchern zum Ausdruck kommen.

Neben dem Schreiben zeigt sie anhand eigener Engelkarten Ratsuchenden ihren spirituellen Weg auf und übermittelt ihnen Botschaften ihrer Engel.

Heidrun Siebenhofer ist Jahrgang 1943 und lebt mit ihrer Familie in Österreich.

Rechtlicher Hinweis:

Bei vielen alternativ-medizinischen Methoden und Produkten ist die Wirksamkeit nach wissenschaftlichen Kriterien bis heute nicht zu beweisen. Das gilt auch für die im Buch beschriebenen Heilquellen-Kristalle. Sie ersetzen keinen Arzt oder Heilpraktiker.

Sie sind eine durch feinstoffliche Schwingung angereicherte Nahrungsmittelergänzung und dienen zur Anregung der Selbstheilungskräfte.

Die Heilquellen-Kristalle begleiten persönliche geistige Entwicklungsprozesse und Seelenheilungen.

Kontaktadresse: office@elias-verlag.com

Lektorat: Eleonore Pichler

Cover: Ernst Siebenhofer

Herstellung: BoD - Books on Demand, Norderstedt

ISBN 978-3-9502080-5-4

www.elias-buch-bild.at

FSC
www.fsc.org
MIX
Papier aus verantwortungsvollen Quellen
Paper from responsible sources
FSC® C105338

Heidrun Siebenhofer

Artinus

Rückkehr zur Wahrheit

Die Menschen dieser Zeiten

Sind bereit ins Licht zu gehen.

Als Gefühl in diese Welt zu gleiten

Damit die Wahrheit kann geschehen.

Welcher Kultur sie auch angehören

Sie sind eins mit dem Ziel

Sich als Bewusstsein zu erkennen

Das seine Bestimmung leben will

Inhalt

An der Heilquelle mit der Schwingung:

Einleitung

Wir grüßen dich!

Wir sind bereit, in deine Energie zu kommen und danken dir für Bereitschaft und Öffnung.

Wir – das sind die Elementarwesen von Erde, Feuer, Wasser und Luft. Die Erde, auf der du gehst, ist voller Leben, voller Gnome, Zwerge, all der bekannten und dir noch unbekannten Wesen, die Luft, die du atmest, ist mit Sylphen, den bekannten Naturgeistern wie Elfen und Feen bevölkert, das Feuer/Licht, das aus dem Kosmos zu deinen Feuerstellen kommt, wird lebendig mit Salamandern und das Wasser ist von Undinen belebt.

Wir haben Informationen für dich, die neu und unbekannt sind, weil die Menschen uns immer nur mit den Märchengestalten in Verbindung bringen. Wir sind jedoch real und lebendige Energie. Nur ist unsere Schwingung höher als die eure, und deshalb können uns nur diejenigen sehen, die mit uns gleichermaßen schwingen. Fühle dich auf uns ein, wir haben dir so viel zu sagen. Spüre unsere Leichtigkeit, sie ist das Merkmal der Neuen Energie. Auch du solltest mit dieser Einstellung an unsere Kommunikation herangehen.

Wir sind das Blut der Natur - der Kreislauf – der die Natur mit der Erdenmutter verbindet. Die Menschen blockieren viele unserer Verbindungsorte, sie zerstören Energien, die für das Gleichgewicht beider Welten so wichtig sind. Hilf uns, den Kreislauf ungebrochener Liebe und Schöpfungskraft aufrechtzuerhalten. Gib unsere Botschaften an die Menschen weiter.

Ein Zusammenwirken beider Seiten würde so viel Segen und Freude bringen. Wir wissen, dass es nicht leicht ist, doch es ist im Plan des Herrn so bestimmt. Deshalb wird auch Sein Segen unsere Verbindung überschatten und alle Wege öffnen. Komme immer wieder zu Eleena – dem wunderbaren Geist der Silberesche. Hier kannst du unsere Verbindung am innigsten spüren.

Es ist eine spannende Zeit, die jetzt ihren Anfang nimmt und die nächsten Zweihundert Jahre kontinuierlich ansteigen wird, bis sie in das Goldene Zeitalter des Friedens übergehen wird. Im Neuen Zeitalter werden alle

Dinge sich beschleunigen und magische Zeiten werden Einkehr halten.

Wir sind lebensfrohe Wesen voller Licht. Viele von uns, wie die Mütterlinge, leben im Herzen der Erdenmutter, dort ist es strahlend hell und wunderschön friedlich. Dort vereint sich eine große Zahl der Neuen Naturgeister und regeneriert sich von den Giftstoffen der Welt, so sie in dieser Mission tätig sind.

Geliebte Seele, gehe in die Stille! **ARTINUS,** ein Lichtwesen der Neuen Energie wird mit dir Kontakt aufnehmen. Du musst auf ihn hören, denn du bekommst Großes von ihm zu hören. Doch höre nicht mit dem Verstand. Lebe nicht aus dem Verstand. Bleibe im Vertrauen und zweifle nicht an dem, was du hörst und siehst. Er ist ein großes, mächtiges Licht der Neuen Zeit, das die Energie der Naturkraft ausdrückt. Artinus vereint in sich das Werden und Vergehen aller Pflanzen, Sträucher, Bäume, er reguliert das Wachstum in der Natur und befehligt alle Geistwesen, die in und für die Natur tätig sind.

Artinus unterstützt auf diese Weise die Tätigkeiten von Mutter Erde. Sie sendet Hilfsgeister aus, damit sie ihm helfen, den Kreislauf ewigen Seins zwischen ihr und der bewohnten Schöpfung aufrechtzuerhalten. Artinus befehligt ein Herr von Naturgeistern, die sich mit aller Kraft für die Aufrechterhaltung, die Regeneration und für die Heilung der Schöpfung einsetzen.

Zu viel wurde schon auf eurem Planeten zerstört.

Vieles ist unwiederbringlich verloren gegangen. Immer mehr Teile eurer Welt fallen dem manipulativen und gierigen Treiben gewissenloser Menschen zum Opfer. Die Kräfte der Natur bemühen sich, dem Einhalt zu gebieten, doch sie brauchen dazu die Hilfe von Menschen, die bereit sind Artinus zu unterstützen. Das Gleichgewicht muss wiederhergestellt werden. Die Liebe muss wieder zwischen Mensch und Schöpfung fließen. Die Erkenntnis, dass der Mensch sich selbst zerstört, wenn er weiterhin die Natur so ausbeutet, ist noch nicht in jedermanns Bewusstsein gedrungen. Doch die Zeit drängt. Der Mensch muss sich entscheiden wie er leben will: In einer Welt, die mit der gesamten Schöpfung in

Übereinstimmung ist oder in einer Welt, in der die Verbindung zur Erdenmutter abhandengekommen ist.

Es muss ein Umdenken stattfinden. Jetzt! Aus dem Herzen der Mutter kommend, sind Mütterlinge bereit, in großer Zahl wiederzukommen. Durch die brutale Behandlung, die der Natur und ihren Geistwesen seit langem wiederfährt, haben sich viele von ihnen in das Innere der Erde zurückgezogen. Nur wenige haben im Umkreis der Menschen ausgeharrt. Früher gab es auf Erden Naturgeister in einer viel größeren Anzahl. Viele von ihnen waren jedoch zu empfindsam in ihrer Energie, so dass der größte Teil von ihnen es vorgezogen hat, sich in den Schoß der Mutter zurückzuziehen. Dort unterstützten sie ihr Wirken und arbeiteten an ihrer eigenen geistigen Entwicklung. Nun, da die Neue Zeit am Horizont sichtbar wird, sind sie, deren Energie inzwischen stark geworden ist, wieder bereit, sich den Erfordernissen des Schöpfungswandels zu stellen. Die Naturwesen der Neuen Energie und die wiedererstarkten Mütterlinge werden das Bestreben Artinus unterstützen, aus brachliegenden und zerstörten Ressourcen wieder eine lebenswerte Umwelt zu schaffen. Dazu brauchen wir aber die Hilfe von Menschen, die dazu bereit sind. Botschafter sollen ausschwärmen, um die Menschen von unserem Tun zu unterrichten, und um sie zu überzeugen, dass es zu ihrem Besten ist, wenn sie diese unterstützen. Hand in Hand sollte an die Umsetzung gegangen werden, aus eurer Welt eine bessere zu machen. Eine Welt, in der der Mensch die Mutter und ihre Gaben ehrt, in der er die kraftvolle Energie der Bäume dankbar annimmt, und in der er wieder lernt, sich an „lebendiger" Nahrung zu erfreuen.

Nur mit einer Natur, die gesund ist, kann auch der Mensch in Gesundheit leben!

Die Menschheit ist im Begriff, sich selbst zu zerstören, indem sie die Grundlage ihres Überlebens, den Boden der Mutter, zerstört. Mutwillig und aus Gier, zu oft um des finanziellen Vorteils willen.

Im Innern der Erde ist so viel Leben und geschäftige Tätigkeit, das du dir davon keine Vorstellung machen kannst. Doch wenn du in das Fühlen gehst, bekommst du eine Ahnung davon, wie viel schöpferische Energie unter deinen Füßen beheimatet ist.

Noch nie wurde die Mutter so ausgebeutet, wie das jetzt und in den vergangenen Jahrzehnten geschehen ist. Die Naturwesen der Neuen Zeit tun ihr Möglichstes, um zu regenerieren und zu heilen, was der Mensch bewusst und unbewusst ihr angetan hat und immer noch tut. Die Wunden, die ihr geschlagen wurden, werden größer und größer. Die Mutter muss sich Luft verschaffen, indem sie immer öfter durch Verwerfungen und Verschiebungen darauf reagiert. Die mächtigen Geist-Energien der Elemente stehen ihr bei diesen Aktivitäten hilfreich zur Seite. Doch wird das von den Menschen als Zerstörung, Katastrophe und Schicksalsschlag empfunden. Wie glaubst du, empfindet die Mutter den gewissenlosen Raubbau an ihrem Sein?

Wie lange schon schaut sie tatenlos zu, gilt ihre Liebe doch allem Leben; wie lange schon nimmt sie hin, dass sie die Gebende ist. Wenn sie dann dem Druck nicht mehr standhalten kann und ihm nachgibt, dann ist der Mensch fassungslos, dass ihm so etwas geschehen kann.

In dieser Zeit, wo der Planet samt der Menschheit im Begriff ist aufzusteigen, seine Schwingungsfrequenz anzuheben, muss diesen sinnlosen Zerstörungs-Energien Einhalt geboten werden. Die Zeit des Redens, der guten Worte und Apelle ist vorbei! Jetzt ist die Zeit des Handelns gekommen!

Wenn die Menschheit nichts tut, wird die Mutter reagieren. Du musst mit allen Mitteln dem Raubbau Einhalt gebieten, musst lernen, dein Herz nicht nur für die Menschen untereinander zu öffnen sondern auch für die Belange der Erdenmutter. Sie ist die Basis allen Lebens. Auf ihr, in ihr und von ihr existiert all das, was Göttliche Schöpfung geschaffen hat.

Fühle dich ein in die Energie von Eleena – dem Baumgeist, in dessen Energie du dich gerade aufhältst. Spüre Eleenas Herzschlag und dann spüre den Herzschlag der Mutter. Er ist eins. Die Natur ist immer im Einklang mit der Mutter. Aus ihr und von ihr schöpft alles Leben seine Kraft, immerfort.

Niemals wird die Mutter müde für das Wachstum der ihren zu sorgen, ihren Schoß zu öffnen, damit Leben hervorbringend, wieder und wieder. Auch wenn sie „Dampf“ ablässt, wird daraus früher oder später wieder fruchtbares Land, Grundlage für Schöpfung und Menschen.

Weißt du, geliebte Seele, wie der Mutter Gutes getan werden könnte? Wodurch sie noch schöpferischer agieren könnte? Durch die Energien von Liebe und Dankbarkeit, denn aus diesen besteht sie selbst.

Daraus hat der Herr allen Seins die Erde geschaffen, deshalb kann sie nicht genug davon bekommen. Je mehr ihr Liebe entgegengebracht wird, desto blühender, produktiver, harmonischer und schöpferischer kann sie sich ausdrücken. Wisse, wenn Energien von Liebe auf die Quelle von Liebe treffen, wird daraus ein Ozean. Und so wie Nebelschwaden aus den Wassern der Meere hochsteigen, um in den Lebensräumen der Menschen wieder als lebensspendender Regen zur Erde zurückzukehren, so braucht die Mutter den Zustrom von Liebe, um den Kreislauf der Schöpfung aufrecht zu erhalten. Sie ist für das Wachstum und den Bestand des Planeten das, was die Meere und Ozeane für die Aufrechterhaltung des Elementes Wasser ist. Daher verstehe, je mehr Liebe ihr zugeführt wird, desto mehr kann sie wieder euch zurückgeben.

Kommt dann noch Dankbarkeit hinzu, kann sie zur „Höchstform“ auflaufen. Denn die Energie des Dankens ist ihr heiliger Lebensstrom, so wie der von Liebe. Die Mutter drückt mit jeder Faser ihres Seins Dankbarkeit gegenüber ihrem Schöpfer aus. Bringen Menschen ihr diese Energie vermehrt entgegen, geht der Strom von Dankbarkeit durch sie direkt in das Herz Gottes zurück. Und das Gesetz der Anziehung bringt Liebe und Dankbarkeit in noch größerem Ausmaß zurück.

Beginne Mutter Erde zu spüren. Fühle ihren Herzschlag, stimme den deinen auf den ihren ein. Öffne dich für die Energie ihrer Botschaften, die sie für dich und alle, die daran interessiert sind, hat. Es sind Gedanken der Liebe, des Miteinanders und der Neuen Schöpferkraft, die noch viel mehr an Neuem bewirken werden, als bis jetzt bekannt ist. Die Mutter will inspirieren zu Achtung und Respekt, zum Erkennen dessen, was Leben so wunderbar verändern könnte. Gehe in die Stille. Beginne zuzuhören und du wirst sehen und hören, fühlen und wissen, was die Mutter dir mitteilen will.

Sie ist eins mit den Elementen, mit allen Kräften - den schöpferischen, wie den zerstörerischen. Sie ist immer um Ausgleich bemüht. Sie will, dem Schöpfungsauftrag folgend, alles im Gleichgewicht halten. Doch sie unterliegt auch der Denkenergie. Das Massenbewusstsein der Menschen ist eine Kraft, die das Gleichgewicht der Mutter beeinflusst. Wenn das Denken der Menschen auf Zerstörung, auf Krieg, Angst und Raubbau ausgerichtet ist, beeinflusst das den Organismus der Mutter und bringt sie aus dem Gleichgewicht. Zuviel negative Energie fließt seit viel zu langer Zeit in sie ein und begünstigt die zerstörerischen Kräfte, die sie mit Mühe in Zaum hält. Wenn der Ausgleich fehlt, wenn Liebe und Dankbarkeit den negativen Denkenergien unterliegen, muss die Mutter dem Druck nachgeben, um davon befreit zu werden.

Wir richten den eindringlichen Appell an die Menschen, sich dessen bewusst zu sein, was die Erde

für jeden von euch bedeutet. Sie ist die Lebenskraft des Planeten und die eure.

Ohne sie stirbt alles.

Auch der von euch oftmals als „Krone der Schöpfung" bezeichnete Mensch!

Artinus

Erlaube der Liebe in deinem Herzen zu heilen und Liebe zuzulassen. Du hast viel zu tun! Ich bin Artinus und habe Botschaften für dich.

Ich kündige dir Großes an, das bereits in deinem Energiefeld sichtbar ist. Ich bitte dich, verbreite meine Botschaften!

Höre, was ich dir über die Wasser zu sagen habe: Das lebensspendende Nass für die gesamte Schöpfung bedarf einer neuen Einstellung, einer Erweiterung eures Wissens über das Element Wasser. Dabei rede ich nicht von den Ozeanen und Meeren, sondern von den kleinen Flüssen, Bächen und den Quellen, die jeder von euch in seinem unmittelbaren Umfeld hat. Es ist nicht nur Flüssigkeit, ohne das es kein Leben auf der Erde geben würde. Wasser ist auch Träger von Information – von altem Wissen.

Du denkst, wenn du Wasser auf ein Bildnis/Farbe/Schrift stellst, dann nimmt es diese Energie auf und damit hat es sich. Das ist Wissen, wie es bisher bekannt ist. Doch ich sage dir, es gibt Wasser, die bringen bereits gespeichertes Wissen in eure Welt. Sie führen die Energie der Neuen Zeit mit sich und Menschen, die gelernt haben, sich mit den Elementen zu verbinden, können diese Informationen in ihre Erfahrungsebenen einbringen.

Besondere Quellen, aus der Tiefe von Gestein und Erde fließend, führen neben bekannten heilenden Mineralien auch Informationen von Sternenebenen und gespeichertes Wissen von Kristallen mit sich. Durch diese Wasser können Göttliche Energien mit ganz besonderen informativen Schwingungen aufgenommen werden. Sie können dem Energiesystem auf diese Weise das Wissen der Neuen Zeit durch die Blutbahnen, Chakren und Meridiane dem Kreislauf des Menschen zuführen. Durch diese Stärkung seiner inneren Weisheit kann der Mensch mit seiner ihm umgebenden Natur eins werden. Er wird das Bedürfnis verspüren, alles zu tun, um der Mutter, den Naturgeistern, allen Geschöpfen und der Natur als Ganzes zu dienen. Das Wissen in seinen Zellen kann ihm helfen, mit den Energien, die um ihn sind, in Kommunikation zu treten. Er wird in der Lage sein, zu erkennen, wer von ihnen seiner Hilfe bedarf und wird auch verstehen, dass es manchem Leben bestimmt ist nur kurzfristig zu existieren.

Ich werde dir im Laufe unserer Verbindung aufzeigen, welche Energieschwingung bei welcher Quelle zu finden ist. Es sind zwölf Schöpfungen, für die du Wasser aus diesen Quellen entnehmen sollst, um die besonderen Schwingungen nach meinen Anleitungen zu kanalisieren und durch Ursalz-Kristalle in die Materie zu bringen.

Wasser mit der Schwingung: ‚Sternenlicht'

ist geeignet das Heimweh zu stillen, unter dem viele Sternengeborene bei euch leiden. Wasser aus diesen Quellen füllt ihre Körper mit den Lichtpartikeln auf, die sie an ihr Zuhause erinnern, es führt ihnen diesen ganz eigenen Frieden zu und stärkt die Bereitschaft, ihrem Schöpfungsauftrag nachzukommen.

Die Schwingung von Sternenebenen kann das eigene Seelenlicht verstärken, harmonisierend auf Beziehungen einwirken, die Seele öffnen und die Lichtfrequenz in den Zellen steigern. Sie kann das Seelenwachstum und die Seelenheilung unterstützen und dich mehr denn je mit deinen medialen Fähigkeiten verbinden.

Wasser mit der Schwingung: ‚Dimensionslicht‘
verstärkt das Bedürfnis des Menschen seinen Engelauftrag zum höchsten Wohle nachzukommen. Die Informationen, die diesem Quellwasser inne sind, können im Körper ein spürbares Verlangen nach Eins sein mit lichtvollen Energien bewirken. Dieses Wasser führt die Lichtqualität der Wesen der Neuen Zeit mit sich. Sie kann das Körperliche erhellen, das Zellbewusstsein öffnen, wodurch das Wissen aus höchsten Quellen in die Herzen und Seelen der Menschen abrufbar sein kann.

Diese Schwingung kann das Bedürfnis verstärken, deinen Engelauftrag zum höchsten Wohle nachzukommen. Sie kann dich auch mit den Einhörnern u. mit dem Licht der

Gottesmutter verbinden und dein Eins sein mit der Göttlichen Quelle fördern.

Wasser mit der Schwingung: ,Verbindung mit dem Kosmos'
bereitet euch auf die Zusammenarbeit mit Wesen vor, die in anderen Planetensystemen beheimatet sind. Viele von diesen Ebenen stammende Wesen sind seit langer Zeit schon unter euch. Sie unterscheiden sich nur geringfügig in fremdländischem Aussehen und Gebaren von der Allgemeinheit. Also fürchtet euch nicht, wenn sie in größerer Zahl kommen. Sie sind friedliche Wesen, die durch die Liebe mit euch verbunden sind. Sie wollen teilhaben an eurem Aufstieg, denn noch nie ist ein Planet mit seinen Bewohnern in eine höhere Dimension aufgestiegen. Trinkt Wasser mit dieser Schwingung und ihr könnt erfüllt sein vom Wissen um eure Herkunft, vom Glanz eures strahlenden Lichts und von der Verbindung mit dem Kosmos.

Diese Schwingung kann die Erkenntnis der Verbundenheit mit anderen Bewohnern des Kosmos fördern, das Bedürfnis stärken, in gegenseitigen Kontakt zu treten. Es kann helfen, Ängste gegenüber fremden Wesen abzubauen u. dich mit dem Klang des Universums zu verbinden.

Wasser mit der Schwingung: ‚Lichtwesen der Neuen Zeit'

kann dir das uralte Wissen, welches in Kristallen im Schoß von Mutter Erde und in ihren Schöpfungen gespeichert ist, offenbaren. Sie kann deine Verbundenheit mit der Natur stärken, um dich für ihre Belange und Botschaften zu öffnen. Sie kann dir helfen, deine Bestimmung zu erkennen und deine Lebensfreude, deine Selbstliebe und deine Selbstheilungskräfte erhöhen.

Die Schwingung kann uraltes Wissen in Kristallen offenbaren. Stärkt die Verbundenheit mit der Natur, hilft Lebensfreude, Selbstliebe u. Selbstheilungskräfte zu erhöhen.

Wasser mit der Schwingung: ‚ Aufstieg'

hilft über die Dramen des Daseins hinwegzukommen und sich hinaufzuschwingen zu des Urseins Einheit, zu anderer Welten und Wesen, zum Licht des All-Einen-Gottes. Die Erde und alle ihre Schöpfungen, die Natur-

‚Pflanzen-, Tier- und Mineralreiche sind beseelte, bewusste und intelligente Energiewesen. Sie alle sind bereit zum Aufstieg in lichtvollere Dimensionen. Auch viele Menschen sind bereit, das einschränkende Denken hinter sich zu lassen und in eine höhere Schwingung zu wechseln. Sie möchten Herz- und Seelenöffnung und sie sind gewillt, dafür ihren Körper den Anforderungen der Energie der Neuen Zeit anzupassen. Das geht nicht immer ohne spürbare, schmerzhafte und ungewohnte körperliche Beschwerden vor sich, für die die „Heilquellen-Kristalle mit der Aufstiegs-Schwingung unterstützend wirken können.

Sie unterstützen Körper und Geist bei der Umwandlung, helfen in Balance zu kommen und aufzulösen, was in der Gedanken und Gefühlswelt sowie im Unterbewusstsein nicht Licht ist. Sie beschleunigen den Aufstiegsprozess und die Herzöffnung.

Wasser mit der Schwingung: ‚Toröffnung‘
hilft die Neue Energie, die eine sehr hohe Schwingung hat, im gesamten Sein harmonisch zu integrieren. Körper, Geist und Seele müssen beim Aufstieg in Balance sein,

denn die neuen Muster erfordern eine gravierende Umstellung, sowohl im Denken wie im Körperlichen. Der Mensch muss bereit sein, diese Veränderung anzunehmen, damit die höheren Energien, die durch die geöffneten Dimensionstore vermehrt auf den Planeten gelangen, ihre volle Wirkung entfalten können. Er muss Selbstverantwortung für sein Tun und Handeln übernehmen, aus der Opfer und Täterrolle aussteigen und seine Verbundenheit mit allem, was die Schöpfung ausmacht, erkennen.

Diese Schwingung kann Wege zu neuen Erkenntnissen aufzeigen. Fördert das Bedürfnis, Veränderung in allen Bereichen zuzulassen, hilft Selbstverantwortung zu übernehmen und aus der Opfer/Täterrolle auszusteigen.

Wasser mit der Schwingung: ‚ Elfentanz'

kann Kindern helfen ihre vielfältigen Ängste abzubauen. Die meisten Kinder, die in den letzten Jahren geboren wurden, bringen bereits eine höhere Schwingung in dieses Leben mit. Da sie oftmals in einer Umgebung aufwachsen, die nicht so offen für die Neuen Energien sind, tun diese Kinder sich besonders schwer. Sie haben große Mühe, im starren System von Schule und alten Gedankenmustern ihrem Bedürfnis nach Freiheit und lichtvollem Sein nachzukommen. Ihre Seele drängt sie das auszudrücken, wofür sie sich entschieden haben, doch das Umfeld bremst ihren Tatendrang ein, deshalb sind diese Kinder oft aggressiv, weinerlich, unschlüssig. Sie werden von den Erwachsenen nicht verstanden und ziehen sich oft zurück, um nicht noch mehr anzuecken. Die Schwingung ‚Elfentanz' in den Heilquellen-Kristallen will diesen Kindern helfen die Ängste abzubauen, von denen sie oft heimgesucht werden. Sie wollen die Kinder – die die Engel der Neuen Zeit sind - in ihrem Bemühen stärken ihrem Seelenauftrag nachzukommen und ihnen helfen sich auf dieser Erde heimisch zu fühlen.

Diese Schwingung hilft Kindern Ängste aller Art abzubauen. Fördert ruhigen Schlaf und hilft Hürden in jeder Weise zu nehmen.

Wasser mit der Schwingung: ‚Tiere'

unterstützt deren Aufstieg. Die Tiere sind genauso in den Kreis ewigen Seins eingebunden wie das der Mensch ist.

Auch sie sammeln von Inkarnation zu Inkarnation ihre Erfahrungen und werden mit den Menschen den Dimensionswechsel vollziehen. Dabei haben sie genauso Schwierigkeiten, die lichtvolleren Frequenzen aufzunehmen wie diese. Das macht sie oftmals aggressiv/ ängstlich ihren Besitzern wie auch anderen Tieren gegenüber. Außerdem haben die Tiere ein wesentlich feineres Empfinden Energien aller Art gegenüber, und sie „sehen“ mehr als Menschen. Da auf eurer Ebene auch viele Energien aus den feinstofflichen Bereichen gegenwärtig sind, die von den Tieren sehr oft wahrgenommen werden, darf es nicht verwundern, wenn Tiere oftmals ihr Fell sträuben, in das scheinbare Nichts bellen oder die Flucht ergreifen. Sie mögen Energien nicht, die eine dunkle, negative Ausstrahlung haben. Die Heilquellen-Kristalle für ‚Tiere‘ wollen ihnen dabei helfen, in Harmonie mit ihrem Umfeld zu sein und Ängste abzubauen.

Diese Schwingung unterstützt ihren Aufstieg in lichtvolle Frequenzen und hilft Blockaden in Körper, Geist und Seele aufzulösen. Harmonisiert ihre Beziehungen zu Menschen und anderen Tieren.

Wasser mit der Schwingung: ‚Pflanzen‘

unterstützt den Aufstieg von Pflanzen/Heilkräutern in lichtvollere Frequenzen. Nichts und niemand will von diesem großartigen Geschehen ausgeschlossen sein. Pflanzen/ Kräuter in Haus und Garten, die mit diesem Schwingungswasser beim Düngen gegossen werden, können ein viel intensiveres Wachstum erreichen und eine starke Aura entwickeln. Hellsichtige Menschen werden diesen Unterschied feststellen und eine bessere Kommunikation mit ihnen führen können.

Diese Schwingung unterstützt den Aufstieg in lichtvollere Frequenzen und stärkt ihre Aura und ihr Wachstum.

Wasser mit der Schwingung: ‚Heimgehen ins Licht‘

hilft den Seelen loszulassen, deren Lebensplan sich dem Ende zuneigt. Menschen, denen oftmals ein qualvolles Sein beschieden ist, können in ihrer Seele die Sehnsucht fühlen, ins Licht zu wechseln und die Mühen und Plagen des Erdenlebens hinter sich zu lassen. Doch ihre Ängste vor dem Übergang machen ihnen das Loslassen schwer. Diese Heilquellen-Kristalle wollen Hilfestellung dafür geben, das Kommende anzunehmen. Sie wollen helfen

Ängste abzubauen und das innere Wissen, das weiß, dass der Seele ewiges Leben gegeben ist, stärken. Dadurch kann leichter losgelassen werden und Frieden einziehen in das Sein.

Diese Schwingung gibt Hilfestellung beim Loslassen, wenn die Seele bereit ist in das Licht zu gehen. Sie hilft die Ängste abzubauen, die oft mit dem Übergang verbunden sind.

Wasser mit der Schwingung: ‚Magnetismus plus' beinhaltet eine ganz besondere Kraft. Sie kann die Wirkung aller anderen Heilquellen-Kristalle verstärken, wenn diese nicht in der gewünschten Form und Zeit wirken. Mit diesen Heilquellen-Kristallen kann jeder den Schub erhalten, den er zu diesem Zeitpunkt benötigt. Jeder Mensch reagiert unterschiedlich auf die Energien der Neuen Zeit. Wenn jemand zu ungeduldig ist und sich erwartet, dass die Heilquellen-Kristalle ihm die Arbeit des „Aufarbeitens eigener Blockaden" abnehmen, wird er nicht den gewünschten Erfolg haben. Sie sind Stütze aber kein Ersatz für einen mangelnden Willen zur Selbstverantwortung und zur Bereitschaft sich zu verändern. Die Heilquellen-Kristalle können das eigene Handeln stärken und neue Erkenntnisse erschließen. Sie können Sie offener werden lassen für die Energien der feinstofflichen Welt und für die Erkenntnisse der Neuen Zeit. Denn diese fordert ein Mittun, eine Bereitschaft für Herz- und Seelenöffnung und den Glauben daran, dass Energie/Schwingung, auch wenn sie nicht sichtbar ist, in allen Bereichen des Lebens vorhanden, heilend wirkend und stets präsent ist.

Kristalle mit der Schwingung ‚Magnetismus plus' können die Wirkung aller anderen Heilquellen-Kristalle positiv verstärken.

Wasser mit der Schwingung: ‚Schutz vor Negativität' ist in diesen Zeiten der Umwandlung und Neuausrichtung des Planeten notwendiger denn je. Manche Menschen werden mit den höheren Energien, die ständig auf den Planeten einfließen, nicht fertig. Sie reagieren aggressiv darauf und machen ihrem Umfeld das Leben schwer, weil sie nicht wissen, wie sie mit Harmonie, mit Licht, umgehen sollen. Zusätzlich sind vermehrt Wesen aus dichteren Frequenzen präsent, da es immer zwei Seiten geben wird. Gibt es viel Licht - gibt es auch viel Schatten. So lange, bis die Menschheit bereit ist, das Licht „zu halten" und mit den dichteren Energien umzugehen lernt. Ein Mensch, der sich seines Lichts bewusst ist und seinen Lebensplan auf das Göttliche in ihm ausrichtet, wird sich um negative Energien nicht sorgen, sie finden bei ihm keinen Anhaltspunkt. Menschen, die merken, dass sich in ihrem Umfeld Negativität/Aggression ausbreitet, können mit diesen Heilquellen-Kristallen denjenigen unterstützen, der diesen negativen Schwingungen ausgesetzt ist.

Diese Kristalle können vor negativen Schwingungen u. Aggression im eigenen Umfeld schützen.

Artinus durfte dir auf Göttlichem Auftrag die Heilquellen nennen, die diese besonderen Schwingungen mit sich führen, damit sie anderen helfen mit den Energien der Neuen Zeit in Harmonie zu kommen. Sei dir dieser Gnade und Verantwortung stets bewusst, die mit der Kanalisierung dieser Schwingungen einhergeht.

Wisse auch, dass bestimmte kleine Bäche ebenso wertvolle Energieträger sein werden, wenn die Neuen Energien sich „etabliert“ haben. Immer mehr erlauben die Lichtwesen der Neuen Zeit, dass Neues Wissen mit dem Fluss des Wassers zu euch hingeführt wird.

Wenn du an einer Quelle, einem Bach oder einem kleinen Fluss vorbeikommst, dann sei dir bewusst, dass dieses Wasser Träger für wundervolle Weisheit aus den Anfängen der Schöpfung sein kann. Hohe und höchste Lichtwesen haben zu Schöpfungsbeginn Kristalle und Schöpfungen der Natur mit ihrem Licht und mit ihrer Weisheit gespeist. Nun, da die Neue Zeit die Neuen Energien hervorbringt, geben die Kristalle, Mutter Erde und die Natur immer mehr von diesem uralten gespeicherten Wissen frei. Es gelangt mit dem Wasser in eure Welt und steht euch zur Verfügung. Ihr solltet daher mit dem nötigen Respekt dem Wasser gegenübertreten um von seiner Weisheit auch profitieren zu können. Ist ein Herz nicht geöffnet, eine Seele krank oder gar von Blockaden fast erdrückt, wird es diesem Menschen nicht möglich sein, sich die Weisheit der gespeicherten

Informationen zu Nutze zu machen, ehe er nicht seine Blockaden auflöst.

Gehe an keinem Wasser vorbei, ohne ihm deinen Segen zu geben. Stelle dich mit bloßen Füßen hinein, wenn es die Temperatur erlaubt, schöpfe mit deinen Händen das Wasser hoch und segne es. Schenke ihm deine Liebe. Du kannst nicht wissen, ob nicht du selbst es warst, der einst Kristalle mit dem Wissen versorgt hat, das sich dir nun wieder erschließen will.

Trinke von den Quellen, die gespeichertes Wissen mit sich führen, öffne dabei deine Seele, damit sie das Licht und die Informationen in sich aufnehmen kann; damit dein Herz sich an die Göttliche Heimat erinnern und damit dein physischer Körper sich stärken und ausbalancieren kann. Die Göttlichen Lichtwesen haben vor langer Zeit Vorsorge getroffen, dass menschliche Seelen, die aus dem Dunkel des Nichtwissens aufsteigen wollen, vielseitige Hilfe erhalten.

Durch alle deine Inkarnationen hindurch gaben sie auch dir Hilfestellungen, um mit jedem gelebten Leben wieder näher dem Sein zu kommen, das du vergessen hast. Sie gaben dir Unterstützung durch die Meister, die sich unter euch Menschen begeben haben. Durch Seelen, die sich für ihre Botschaften öffneten, um sie an andere weiterzugeben. Durch Situationen und Begebenheiten, die für menschliches Denken Wunder zuzuordnen sind, und durch deine eigenen Wahrnehmungen, Inspirationen und Erkenntnisse. Und eben auch dadurch, dass die Göttlichen Wesen Kristalle auf der ganzen Welt mit Informationen speisten, die, zur Zeit des Dimensionswandels, ihr Wissen an die Menschen freigeben. Auf der ganzen Welt passieren nun solche „Wunder". Mutter Erde gibt Altes frei, damit die Neue Energie nachrücken kann, die ihre volle Kraft in der lichtvolleren Dimension zur Geltung bringen wird.

Die Kristalle, in den Tiefen der Gesteine ruhend, geben frei, was des Menschen Aufstieg unterstützen und beschleunigen kann. Die Wasser des Lebens, wie diese Quellen genannt werden können, aktivieren in den Körpern der Menschen das Zellbewusstsein, wodurch sich die Erinnerung an die eigene Göttlichkeit immer mehr einstellen und ausweiten wird.

Geliebte Seele, segne jeden Tropfen Wasser, den du trinkst, sende ihm die Liebe, und du überbringst über dieses Wasser deinem Körper Liebe und Segen. Du wirst dadurch deinen Aufstiegsprozess anheben, wodurch auch deine Spiritualität sich mehr und mehr ausweiten kann. Segne jedes Wasser, an dem du vorbeikommst, es wird dazu beitragen, die Gewässer zu reinigen und die Frequenz der Wassermoleküle zu erhöhen.

Beginne zu fühlen, zu erkennen, zu wissen…

Beginne dich mehr zu lieben und zu schätzen, wer und was du bist und ausdrückst. Verstehe, dass Selbstliebe unbedingt notwendig ist, um deine Schwingung anzuheben. Nur durch Selbstliebe wirst du in die Lage versetzt, die Weisheit gespeicherter Informationen in deinen Handlungen auszudrücken.

Nur wenn du dich selber liebst, liebst du Gott.

Er drückt sich durch dich im Menschsein aus. Liebe das, was du bist und du verstehst, wie großartig Gott seine Schöpfung gestaltet! Wenn du dich liebst, offenbart sich dir das Wissen der Kristalle, das sie den Quellen des

Lebens übergeben haben. In der Erkenntnis, dass Göttliche Essenz in dir beheimatet ist, drückt sich dein Verständnis darüber aus, dass im Wasser die Weisheit der Göttlichen Wesen zu finden ist, dass der Boden, auf dem du gehst, deine Verbindung zum Menschsein bedeutet. Du bist Geist in einem menschlichen Ausdruck. Ehre die Erdenmutter, die dir Nahrung gibt und segne die Energie, die deinen lichten Geist beflügelt. Nur im beiderseitigem Zusammenwirken drückt sich das aus, was Gott plante, als er dich schuf.

Ein Göttliches Wesen, das weiß, dass es immer wieder im Menschsein Erfahrungen sucht, um seine Göttlichkeit noch besser ausdrücken zu können. Wenn du dich in deiner Lichtheimat aufhältst, ist es für dich leicht, deine Liebe zu dir und zu allem auszudrücken, denn dann befindest du dich in reiner Liebesenergie. Doch deine Göttlichkeit als Mensch zu leben und auszudrücken in einem schwierigen Umfeld ist das, was Meisterschaft ausmacht.

Die Hilfestellung Göttlicher Wesen durch die Wasser mit den verschiedenen energetischen Informationen sei dir

Unterstützung dabei. Du bist auf dem richtigen Weg! Lebe dein Menschsein! Freue dich an all den Dingen, die dich umgeben! Liebe die Menschen ohne Bewertung und liebe vor allem dich selbst, denn dann liebst du Gott wahrhaftig!

Ihr werdet neue Pflanzen und Heilkräuter „entdecken", die die Neuen Naturgeister in Übereinstimmung mit dem Schöpfungsplan der Neuen Erde und der Menschen euch aus dem Feinstofflichen überbringen werden.

In unserer Welt, die den meisten von euch noch verschlossen ist, wurden diese Pflanzen und Heilkräuter unter der Obhut der Naturengel und Pflanzengeister mit viel Liebe, Licht und Heilkraft ausgestattet, damit sie auf der menschlichen Ebene dazu beitragen können, das Energiesystem des Menschen zu unterstützen. Auf diese Weise werden die Selbstheilungskräfte der Menschen angeregt, und sie werden beginnen, die geistigen Ursachen für ihre Leiden und Schmerzen herauszufinden. Die neuen Heilpflanzen und -kräuter sind randvoll angefüllt mit göttlichem Licht und mit der schöpferischen Kraft der Erdenmutter. Die Energie der Mutter bewirkt, dass der Mensch, der noch nicht in der Lage ist die Göttlichkeit der Pflanzen und Kräuter harmonisch in sein Energiesystem zu integrieren, durch die Kraft des Mutterbodens geerdet bleibt. Ihr sollt beim Aufstieg nicht „abfahren“ wie eine Rakete, sondern euren Geist sich ausweiten lassen, während ihr mit euren Füssen am Boden bleibt. Ihr müsst die Verbindung zur Mutter halten, sie festigen und respektieren, denn sie ermöglicht euch den lichtvollen Aufstieg im Menschsein.

Lasse dir sagen, dass die Heilwirkung dieser besonderen Pflanzen und Kräuter nicht nur in den bisher bekannten Formen gegeben ist. Sie unterstützen im meditativen Zustand auch die Verbindung zu den Geistwesen der Natur. Ihr intensiver Duft, ihre ätherische Essenz werden es ermöglichen, mit den Geistwesen der Natur in bewusste Verbindung zu kommen. Sensible Menschen werden Informationen von ihnen bekommen, wie sie die heilende Wirkung der Pflanzen und Kräuter für ihre eigenen Zwecke einsetzen können.

Diese neuen Pflanzen und Kräuter erschaffen auch – in Verbindung mit dem informierten Quellwasser - eine neue, unglaublich wirksame Heilkraft dadurch, dass dieses Wasser der Nahrung beigefügt wird. Damit könnt ihr eurer Nahrung Lebenskraft zuführen und bei vielen Nahrungsmitteln bewirken, dass ihr Gehalt an „ungesunden“ Zusatzstoffen abgeschwächt werden kann.

Im informierten Quellwasser ist der Segen Gottes enthalten sowie die Energien verschiedener Informationsträger, ferner die Liebe und das Licht der Engel und Naturgeister. Kommen dann noch die besonderen Heilkräfte der jeweiligen Pflanze oder des Heilkrauts hinzu, wird dieses Wasser den Menschen helfen können, sich ihrer Verbindung zur Quelle Gottes bewusster zu sein.

Ich kann dir nicht sagen, wann ihr die Neuen Pflanzen und Heilkräuter erkennen und ernten werdet können, denn dies hängt vom Denken und Handeln der Menschheit ab, wann sie den Aufstieg in die lichtvollere Dimension schaffen wird. Doch beginne bereits jetzt nach ihnen Ausschau zu halten. Suche sie mit den Augen deines Herzens, sprich durch deine Seele zu ihnen und du wirst fündig werden. Die ganz besonderen Quellen, die ich dir nannte, stehen bereits seit einiger Zeit zur Verfügung. Du musst sie aufsuchen und damit nach meinen Anleitungen verfahren.

Dazu bedarf es des gleichen Einsatzes von Herz und Seele, um die besonderen Kräfte und Energien des Wassers zu erkennen. Ich werde dich zu den Quellen führen, die Träger des Göttlichen Wissens sind, damit du den Unterschied erkennst, der zwischen dem Wasser aus der Leitung und diesem besonderen Quellwasser besteht.

Auch die Mutter wird euren Sträuchern neue Heilkräfte schenken, indem sie bestimmte Wurzeln mit neuer Energie und Kraft versorgen wird. Diese Wurzeln können dann zu Salben verarbeitet werden, die in Verbindung mit den Neuen Kräutern eine noch intensivere Wirkung auf die Harmonisierung und Aufrechterhaltung eurer Gesundheit haben werden als eure bisherigen Salben und Umschläge. Der heilende Einfluss wird euch überraschen, denn diese Wirkung von Duft und Stärke seid ihr von den kommerziell gefertigten Produkten nicht gewohnt.

NELA

Der wundervolle Naturengel Nela umgibt dich seit einiger Zeit mit seinem wundervollen Frieden. Nela hat eine Botschaft für dich:

Ich danke dir für deine Bereitschaft. Spüre das Licht, das sich beginnt um dich herum auszubreiten. Darin bist du geschützt und kannst meine Energie besser fühlen.

Ich stehe dir bei deiner Aufgabe, die Botschaften Artinus‘ zu verbreiten, zur Seite. Ich helfe dir, dich auf seine Energie einzustimmen und erfülle dich mit dem Frieden, der nötig ist, um seine Botschaften zu empfangen. Ich danke dir, dass du zu Eleena gehst, wann immer du das Bedürfnis danach verspürst. Der Geist der Silberesche stärkt deine Energie ebenfalls, und so ist es nur natürlich, dass du an diesem besonderen Platz die Durchsagen der geistigen Welt klar und unverfälscht erhältst.

Spürst du aber auch die Liebe, die dich hier umgibt? Fühlst du die Anwesenheit der Elfen und Feen, die in großer Anzahl hier sind? Hörst du die Stimmen der Vögel, die dir Grüße von daheim überbringen?

Wisse, dass dich nur ein Schleier davon trennt, mit Geistenergien und Seelen in Verbindung zu treten, die deinen Weg in Liebe begleiten. Atme den Duft ein, der dich hier umgibt. Er ist getränkt von der Göttlichen Mutter Maria und von der Erdenmutter. Beide sind um dich. Beide möchten, dass du sie spürst… Gehe ins Fühlen…Heiße sie willkommen…

Sie lieben dich so sehr!

Eleena nimmt dich mit in ihre Energie. Sie will dir etwas zeigen. Stimme dich auf sie ein, schließe deine Augen, verbinde dich mit der Erdenmutter und lasse dich von ihr führen…

Geliebtes Licht, eingebettet in meiner Energie. Wisse, dass du dich größenmäßig den Mütterlingen angleichen sollst, damit sie dich zu meinen Wurzeln mitnehmen können. (Mütterlinge sind etwa 20-30cm groß und von sehr feiner Energie). Sieh, wie sie dich in ihre Mitte nehmen und mit dir zu meinen Wurzeln absteigen. Öffne weit dein Herz und deine Seele und nimm alles Gesehene und Gehörte darin auf. Werde dir der unendlichen Linien meines Wurzelwerks gewahr, das sich bis tief unter die Erde erstreckt, bis hin zum Fluss, der in der Nähe fließt.

Während du mit den Mütterlingen immer tiefer steigst, beachte die Vielzahl an Erd-Elementaren, die emsig werkend in meinem Umfeld tätig sind. Sie sind dabei, die Schäden zu beheben, die der Mutter zugefügt wurden. Diese Transformation von den Energien, die zurzeit einen Zyklus beenden, erleichtert neues Wachstum. Dieser Prozess gleicht dem der Menschen, wenn sie tote Blüten aus Pflanzen entfernen. Pflanzen lieben jeden Bestandteil von sich und dehnen ihre Lebenskraft über ihr ganzes Sein aus. Werden abgestorbene Blüten entfernt, kann die Energie, die einmal in Richtung Heilung ging, in neues Wachstum gehen. Du kennst nur die bekannten Elementare – die Zwerge, Gnome und so weiter. Doch wisse, es gibt eine Unzahl von Energien, die für die Mutter tätig sind, aber euch unbekannt sind. Nur ein Mensch mit einem lichten Bewusstsein und einem reinen Herzen hat die Möglichkeit, sie zu schauen. Genau wie die Lichtwesen der Neuen Zeit legen auch sie keinen Wert darauf, dass man ihnen Namen gibt oder sich ein Bild von ihnen macht. Fühle dich einfach in ihre Energie ein , und in deinem Bewusstsein werden sich Formen, Farben, fließende oder geometrische Muster zeigen, die sie kennzeichnen.

Diese Wesen arbeiten sehr viel mit der Matrix der Mutter, die ähnlich wie die Knochen des menschlichen Körpers ist. Die Matrix unterstützt die Form der Mutter auf die gleiche Weise wie deine Knochen deinen Körper unterstützen. Wenn das Unterstützungssystem nicht stark genug ist, schwächt dies das ganze Sein.

Kommuniziere über dein Herz mit ihnen. Beobachte, wie sie die Erde tief unter der Oberfläche bearbeiten, damit die Schöpferkraft der Mutter sich leichter tut an die Oberfläche zu kommen und das Licht von oben sie besser unterstützen kann. Es ist immer ein Zusammenspiel beider machtvoller Energien, damit Großes entstehen kann, zwischen der erdgebundenen und der geistigen Welt des Göttlichen Lichts.

Trete ein in die Energie meines starken Wurzelstrangs. Fühle ihn, betaste ihn, höre ihm zu, wie er von einer

Liebe und einer Wärme erzählt, die du an diesem Ort nicht vermuten würdest. Doch die Erde ist getränkt mit Liebe, mit Schöpferkraft, mit Wärme von innen und oben. So viel Unterschied, wie du zu wissen glaubst, gibt es nicht zwischen oben und unten. Überall ist die gleiche schöpferische Kraft Gottes zu spüren und zu erkennen, überall Seine Liebe und Sein Licht. Während die Erdenmutter euer körperliches Sein mit ihrer Lebenskraft unterstützt und erhält, geschieht das gleiche mit der unendlichen Lebenskraft der Göttlichen Mutter, die auf euer spirituelles Wachstum einwirkt.

Bedenke, du bist Geist, der für einige Zeit das Menschsein gewählt hat. Du bist mit beiden aufs engste verbunden. Die Mutter zu deinen Füßen und die Mutter über dir wollen das Beste für dich. Sie möchten dich erkennen lassen, dass du ein Teil von ihnen bist; sie wollen, dass du mehr als bisher beginnst, dein Eins sein mit ihnen herbeizuholen und zu fühlen.

Mit diesem Wissen über deine Herkunft schreite meinen Wurzelstrang entlang, bis du zu dem Ende kommst, das ins Wasser des Flusses ragt. Du hast das Eins sein mit der Kraft meiner Wurzeln kennengelernt, nun spüre dich in das Wasser ein. Nimm seine Lebenskraft in dich auf. Spüre die Verbindung mit ihm, bestehst du doch zum größten Teil aus diesem Element. Fühle dich ein in den fließenden Herzschlag, der euch beide verbindet...

Nimm an die Kraft, die das fließende Wasser dir übermittelt und überbringe den Geistenergien, die in diesem Element zuhause sind, deinen Segen. Öffne auch für sie dein Herz und deine Seele und lasse sie in dein Bewusstsein kommen, damit du mit ihnen in Kommunikation treten kannst.

Sieh, die unzähligen Lebewesen in ihren vielfältigen Formen. Sie alle gehören dem Kreislauf des Lebens an, auch wenn kein Mensch sie je gesehen hat und dies vermutlich auch nie wird können. Nur in der Meditation, im Eins sein, werden dir Einblicke gewährt, die dir mit dem Verstand verborgen bleiben. Doch höre ihre Botschaft, mit der sie dich bitten für ihren Lebensraum einzutreten, damit dem Raubbau an den Schätzen der Erde und der Verschmutzung des Wassers ein Ende bereitet wird. Denn nicht die Bodenschätze sind es, die euch das Leben erleichtern sollen, sondern Energien aus dem Herzen der Mutter, die euch noch unbekannt sind. Ihr beutet eure eigene Lebensgrundlage aus und geht achtlos an ihrem wahren Reichtum vorbei.

Es wird noch eine lange Zeit dauern, ehe der Mensch das erkennen wird. Die Energien aus dem Herzen der Mutter haben die Kraft zur Schöpfung des neuen Garten Edens. Sie würden euch Heilkräfte zur Verfügung stellen, euren Energiebedarf auf vollkommen neue, schonende Weise decken und dies alles gäbe euch die Mutter kostenlos. All das im Zusammenspiel mit den lichtvollen Göttlichen Kräften. Das Erkennen und Anwenden dieser Kraft würde einen allgemeinen Erwachens-Prozess in Gang setzen, der eine Ketten-Reaktion auslösen könnte.

Geliebtes Wesen, spüre die Verbindung meiner Wurzeln mit der Kraft des fließenden Wassers. Lasse die Vision der Neuen Erde in dir erstehen. Visualisiere, wie der Mensch sich der geistigen Schätze der Erde bedienen könnte, ohne ihren Lebensraum zu zerstören. Doch denke nicht mit deinem Verstand, du würdest ein völlig falsches Bild bekommen. Fühle dich ein in das Lichtwesen der

Neuen Zeit, das der Mensch in der Neuen Energie sein wird, und du wirst ein vollkommen anderes Bild erhalten. Wenn sich das auf eurer Ebene zu zeigen beginnt, hat der Mensch den Aufstieg in die lichtvollere Dimension geschafft. Dann ist er nicht mehr angewiesen, Tiere als Teil der Nahrungskette zu sehen; Öl, Gas und andere Bodenschätze in ausbeuterischer Weise dem Boden zu entnehmen. Der Geist des Neuen Menschen bedarf all dessen nicht mehr! Licht wird der Haupt-Bestandteil seiner Lebenskraft sein, Zivilisationskrankheiten der Vergangenheit angehören. Und seinen Energiebedarf wird der Neue Mensch decken, indem er die Energie aller Element sich zunutze machen wird. Fühle dich ein, geliebtes Wesen, und lasse diese Vision einer solch wunderbaren Neuen Welt in dir erstehen. Jetzt und immer wieder…

Trage die Botschaft dieser Vision in die Welt, damit andere sie ebenfalls in ihrem Geist erstehen lassen… Jetzt und immer wieder… Damit wird diese Welt in eure gebracht.

Bedanke dich bei den Mütterlingen, die dich zurückbringen und finde dich, an meinen Stamm gelehnt, im Hier und Jetzt wieder. Erfrischt von meiner kraftvollen Energie und der des Wassers.

Gottes Segen sei mit dir!

Am Fischteich

Trete ein in unsere Energie. Fühle in sie hinein und erfahre, was sie dir zu übermitteln hat:

Wir sind die Hüter dieses Ortes. Wir sorgen dafür, dass die Energien an diesem Ort harmonisch und erbauend sind. Hier kann sich jeder wohlfühlen, der mit bereitem Herzen kommt, um diesen Frieden in sich aufzunehmen.

Fühle dich ein in das Lichtfeld der Bäume, die den Teich umrahmen. Lausche dem sanften Säuseln des Windes, der durch die Zweige fährt und Botschaften der Naturgeister überbringt. Er hat auch eine für dich.

Willkommen im Frieden der Natur. In der Vereinigung von Wasser, den Bäumen, den Sträuchern und den Tieren an diesem Ort, kannst du erfahren, wie sehr wir mit dir verbunden sind. Unsere Energien „vermischen“ sich, denn wir wollen den Besuchern dieses Ortes die Stimmen der Natur und ihrer Lebewesen nahebringen. Höre den Gesang der Vögel, die dir von ihrem Element erzählen. Von der Leichtigkeit, vom Auf und Ab ihrer Bewegungen. Sie wissen von der Sehnsucht des Menschen, die so losgelöst schweben möchten, wie es die Vögel tun. Diese sorgen sich nicht, woher sie morgen Futter bekommen, sie leben im Wissen dessen, dass stets für sie gesorgt ist. Sie sind im Einklang mit der Schöpfung, sie lassen geschehen.

Lerne von ihnen, geliebtes Licht. Sorge dich nicht um Dinge, die vielleicht kommen könnten. Lebe im Jetzt. Lebe in der Kraft des schöpferischen Geistes. Bediene dich der Energien, die um dich sind. Sie sind um Aufrechterhaltung bemüht und darum, ihrer Lebensfreude Ausdruck zu verleihen. Nimm sie dir zum Vorbild. Lasse los von kleinlichen Problemen und von deinen Wünschen. Fließe mit der Schöpfung, sie bringt dir das ins Leben, was zu deinem Besten ist, ohne darauf

Bezug zu nehmen, ob es mit deinen Vorstellungen in Übereinstimmung ist.

Hier gehe vor allem ins Fühlen, denn dadurch kannst du Großes erfahren. Wenn du deine Seele für die Wesen der Natur öffnest, überbringen sie dir das Wissen der Neuen Zeit. Öffne alle deine Sinne – wir sind bei dir. Siehst du das Licht, das sich auf dem Wasser spiegelt, obwohl die Sonne im Sinken ist? Es sind die Geistwesen des Wassers, die dir ihre Aufwartung machen. Sie wollen dir ins Bewusstsein bringen, welche Kraft dem Wasser innewohnt. Sorge dafür, dass Liebe in die Wässer fließt, wann und wo immer du damit in Kontakt bist. Wir brauchen die Energie von Liebe, um die kraftvolle Schwingung der Neuen Zeit ausdrücken zu können, die vermehrt durch die Wässer dieser Welt zum Ausdruck kommen wird.

Segne das Wasser und erkenne seine Heilkraft. Für alle Belange eures Seins!

Einfluss der Neuen Energien

Heute möchte Artinus mit dir über den Einfluss der Neuen Energien auf deinen Lebensraum sprechen. Der ganze Planet ist mitten in der Veränderung. Er beginnt sich aus der Schwere der dritten und vierten Dimension zu lösen, um in die höhere Frequenz der fünften Dimension einzutreten.

Die fünfte Dimension bedeutet, dass die Menschen ihr Herz bei ihrem Denken und Handeln einbringen. Nicht mehr dem Verstandesdenken das alleinige Vorrecht über das Leben zugestehen, sondern erkennen, dass nur Herzensöffnung und Seelenheilung ihn in seiner spirituellen und körperlichen Entwicklung weiter bringen. Der Mensch kann sich erst dann als die Krone der Schöpfung bezeichnen, wenn er fühlt und weiß, dass er einer ihrer Edelsteine ist und nicht das Ganze. Wenn er erkennt, dass es dem Zusammenspiel aller Lebewesen bedarf, um die Krone der Schöpfung auszudrücken.

Bedenke, dass niemand für sich alleine lebt und agiert. Jeder ist Teil vom anderen und gemeinsam ergebt ihr das Ganze – die Krone der Schöpfung – Gottes Werk. Die

Neuen Energien werden diese Tatsachen verstärkt in das Bewusstsein der Menschheit bringen, und sie werden die Herzöffnung unterstützen. Wer nicht bereit ist, sich auf die neuen Energien einzulassen, wird mit schwierigen Situationen und Lektionen zu tun haben, denn „jedem geschehe nach seinem Willen."

Wisse, wenn du beginnst, den Boden unter deinen Füßen zu segnen, die Früchte der Erdenmutter zu heiligen und den Wässern der Erde die Liebe zukommen zu lassen, die sie für ihre Heilung benötigen, bist du Teil der Neuen Energie. Dann drückst du deine Lichtkraft damit aus, die dir als Göttliches Wesen innewohnt. Deine Sinne werden geschärft, und du wirst die Stimmen der Natur unterscheiden lernen. Du wirst wissen, wann ein Baum, eine Pflanze, dir etwas mitteilen oder einer der Naturgeister sich mit dir austauschen möchte.

Du musst in diesem Fall dafür sorgen, dass deine Aura, dein dich umgebendes Lichtfeld, frei von Blockaden und negativen Gedankengut ist. Die Naturgeister sind hochempfindliche Energien, die sofort erkennen, in welcher Verfassung du bist, wenn du dich ihnen näherst.

Sie kennen nicht die Machtspiele der Menschen, auf die diese so viel Wert und Energie legen. Sie reagieren auf die Herzverbindung und halten sich von jenen fern, deren Aura nicht die nötige Klarheit und Aufnahmebereitschaft aufweist. Suche nicht den Kontakt mit ihnen, wenn du zornig bist oder eine andere negative Emotion dich belastet. Du kannst jederzeit von den Naturgeistern Frieden und Heilung erfahren, wenn du traurig bist oder Seelenschmerz dich belastet. Sie helfen dir in diesen Momenten mit ihrer Liebe und Kraft, dein seelisches Gleichgewicht wieder in Balance zu bringen. Die Neuen Energien sind wesentlich kraftvoller als zu früheren Zeiten, und die Neuen Feen und Elfen sind in der Lage, viel mehr als früher auf dein Energiefeld heilend einzuwirken. Sie arbeiten mit den ätherischen Essenzen der Neuen Pflanzen und Heilkräuter und werden in kürzester Zeit bewirken, dass ein trauriges Herz im Frieden der Natur die Heilung erfährt, die es zu diesem Zeitpunkt benötigt.

Schätze die Liebe, mit der die Naturwesen der Neuen Zeit dir begegnen und dir Regeneration und Heilung anbieten. Antworte mit deiner Herzensliebe darauf. Biete ihnen den Rahmen, den sie brauchen, um mit dir in Symbiose leben und wirken zu können. Erzähle deinen Mitmenschen von ihnen. Ehre die Plätze, wo sich die Wesen der Neuen Zeit bevorzugt aufhalten und fordere deine Mitmenschen auf, diese Orte zu respektieren. Die Naturwesen mischen sich auch niemals unaufgefordert in euer Leben ein! Sie warten, bis ihr das Herz für ihre Energie öffnet und darum bittet, mit ihnen in Kontakt zu kommen.

Eine Zusammenarbeit kann für beide Seiten sehr fruchtbringend sein. Der Mensch würde größere Erträge von den Früchten seines Bodens haben, und die Naturgeister würden durch die Erkenntnisse, die sie durch die Verbindung mit euch erhalten, lernen.

Nun führe ich dich zu einem Baum mit stark manifestierter Bewusstseinskraft. Fühle dich ein in seine Kraft und höre, was er dir zu sagen hat:

Ich zeige mich dir an diesem Ort in dem was du siehst, fühlst und hörst. Ich bin im Wasser, in der Silberesche, bei der du Platz genommen hast, in den Bäumen und

Sträuchern, die dich umgeben und im Boden zu deinen Füßen.

Sieh, wie weit meine Aura sich ausdehnt - weit hinein in das Blau des Himmels.

Meine Energie spricht zu dir:

„Sei ohne Angst um das was kommt. Wisse, es ist längst schon da! Alles was einmal kommen wird, und alles was schon gewesen ist, ist im JETZT! Weshalb also solltest du Angst vor dem Kommenden haben?

Gehe stattdessen ins Fühlen. Fühle dich ein in die Energie der Neuen Zeit. In das Jetzt, in dem du dich wohlfühlst und glücklich bist. Dies deshalb, weil du in meinem Frieden bist.

Über die Fußchakren spricht die Erden-Mutter zu dir. Sie erzählt von ihrem Bestreben, in Göttlicher Ordnung ihren Aufstieg zu bewerkstelligen. Sie bittet dich, deinen Herzschlag ihren anzugleichen, damit Harmonie sei zwischen dir und ihr. Damit du spürst, was sie bewegt, wie sehr sie deiner Liebe bedarf, und wie dankbar sie allen ist, die ihr den Segen nicht verweigern.

Über deine Aura spricht Eleena, der Baumgeist der Silberesche zu dir. Fühle ihren Frieden, ihre Bereitschaft eure Herzschläge zu vereinen. Spüre die Ruhe, die sie aussendet und mit der sie alle Besucher heiligt, die unter ihren Zweigen Rast machen. Ihre Botschaft, die sie den Luftgeistern mit auf den Weg gibt, handelt von der Weisheit ihres langen Lebens. Erzählt von der immerwährenden Liebe, die sie an ihr Umfeld abgibt und spricht von der Erkenntnis, dass der Mensch beginnt, sich an die Gemeinsamkeit mit allem was ist, zu erinnern. Ihre Botschaft ist so simpel, wie wahr: „Erinnert euch, geliebte Seelen, dass wir eins sind. Wenn ihr das beherzigt, hören Negativität und Raubbau auf. Denn dann wisst und spürt ihr, dass ihr das, was ihr anderen antut, euch selber antut."

Über deine Sinne spricht das gesamte Umfeld zu dir. Deine Augen erfreuen sich am Grün der Blätter, der Pflanzen und Gräser. Sie sehen das lebhafte Treiben der Insekten. Dein Verständnis für die Wirklichkeit wird größer, wenn du dich für die größere Wahrheit öffnest. Dazu ist dieser Ort geeignet. Deine Herz- und Seelenöffnung bewirkt bereits sehr viel, um deinem

Umfeld den Segen und die Liebe zu geben, das es benötigt, um das Wasser zu deinen Füßen zu reinigen und auf diese Weise die Frequenzen der Wassermoleküle zu erhöhen. Wenn du das Licht der Neuen Zeit ausdrückst, wird das deinen Aufstiegsprozess anheben. Deine Ohren hören den Gesang der Vögel, das Summen der Insekten, sie hören das Rauschen des Wassers, das sich seinen Weg über Stock und Stein bahnt. Spüre in deinem Herzen das kraftvolle Herankommen der Neuen Zeit. Sie öffnet noch mehr deine Sinne, deine Seele, dein Herz für Mitgefühl und Liebe. Mitgefühl hält das Universum zusammen. Sorge bitte dafür, dass Mitgefühl sich weiter und weiter ausdehnt, damit es alle Gebiete des Planeten erfüllen kann. Damit es keine Stelle auf Erden mehr gibt, wo Menschen mit ihrer Angst, mit ihrem Schmerz allein gelassen sind.

Geliebte Seele, gib dem Wasser deine Liebe und deinen Segen mit auf den Weg. So kann es immer weiter verbreitet werden.

Gib den Luftwesen Segen und Liebe mit, damit sie es über Berge, Täler und Meere dorthin tragen, wo es benötigt wird.

Lass Mutter Erde dein Gefühl von Zusammengehörigkeit spüren, damit es sich unter deinen Füßen bis in ihren Kern ausdehnen kann.

Öffne deine Arme weit, damit Herz und Seele, ihrer Göttlichkeit bewusst, diese an alles Sein weitergeben: An alle anderen Menschen, an jegliche Situation, an alles, was ist, denn das bist auch du: Alles, was ist!"

Wir wirken mit unserer schöpferischen Energie auf dich ein. Wir kommunizieren auf der Gefühlsebene mit dir und bemerken mit Freude, dass du darauf ansprichst. Es tut sich so viel! Dein Körper beginnt sich darauf einzustellen, dass er durch seine Schwingung mit den nicht sichtbaren Energien in Interaktion treten möchte. Das ist reine Gefühlssache und funktioniert nur, wenn du den Verstand ausblendest. Wenn du lernst, Gedanken und Emotionen zu verbinden, sodass in deinem Herzen die Gefühle entstehen können, denn es wird genau diese

Schwingung sein, die dich befähigt, mit den Naturwesen in bewussten Kontakt zu kommen.

Sie haben dir so viel zu sagen und zu zeigen. Sie möchten dir ihre Weisheiten über die Heilwirkung der Pflanzen und Kräuter übermitteln, denn sie sind zu einem großen Teil die Medizin der Neuen Zeit, die auf die Psyche der Menschen einwirken werden. Sie harmonisieren euer Gefühlsleben und heilen den Schmerz der Seele. Wenn die Seele wieder heil ist, kann sich auch das physische Krankheitsbild verändern. Zuerst muss Seelenheilung geschehen, damit Herzöffnung passieren kann. Ist das Herz im Einklang mit seiner spirituellen Natur, wird es von dort aus Heilung für den Körper in Gang setzen.

Wenn du lernst deine Gefühle zu leben, sie in ihrem vollen Ausmaß zu spüren, wirst du faszinierende Dinge um dich herum erleben. Du wirst die Farben der Neuen Zeit sehen können, deren Namen noch nicht bekannt sind; Du wirst Energie als fließende Bewegung wahrnehmen, die sich nach deinen Empfindungen verändern kann. Energie wird dir durch die Melodie des Universums übermitteln, was die Botschaft des fließenden Ausdrucks ist; Du wirst vielleicht sogar durch feste Materie hindurchsehen können, um mit deinem Herzen mit den Wesen der Erde zu kommunizieren. Du wirst Erlebnisse haben und Erfahrungen gewinnen, die dich anfangs sprachlos werden lassen. Das soll so sein!

Denn nicht Sprache ist, was wir dir übermitteln möchten, sondern das Fühlen. In der Einheit von Gedanke und Emotion entsteht das Fühlen, und dies ist, was Kommunikation, was Übermittlung von Energien diesseits und jenseits des Schleiers ermöglicht. Ein Austausch von Botschaften und Wissen zum Wohle aller Lebewesen.

Artinus über Steine

Wir haben noch nicht über die Steine gesprochen. Die Menschen bewundern Edelsteine und erfreuen sich am Funkeln und an der Energie der Kristalle. Das ist in Ordnung. Doch wisse, auch jene Form des Ausdrucks, den ihr den gewöhnlichen Stein nennt, hat es in sich. Es gibt sehr viele Steinformationen, die vor sehr, sehr langer Zeit Teil eines „Trägersteins“ waren. Teil von Felsengebirgen, die Göttliche Wesen beherbergten und deren Erkenntnisse übertragen bekamen. Für Göttliche Wesen ist Stein nicht tote Materie, sondern lebendige Energie-Schwingung, wie alles Sein im Universum. So wie die großen Götter einst die Kristalle im Inneren der Gebirge und in den Tiefen von Mutter Erde mit Informationen programmierten, so taten sie das auch mit vielen Steinen.

Ich rate dir, mit offener Seele durch die Natur zu gehen und deinen Wunsch nach Kommunikation auszusenden. Wir führen dich zu Steinen, die gespeicherte Lichtweisheit in sich tragen. Berühre diese Steine, setze oder lege dich auf sie und dann gehe ins Fühlen.

Komm, ich nehme dich mit auf eine Reise zurück in die Zeit, wo dieser Stein seine Schwingung empfangen hat. Werde ganz ruhig, lasse alles los, bewerte und denke nicht, lasse einfach geschehen…

Sieh den mächtigen Fels vor dir…Er steht mitten in einer blumenübersäten Wiese, nicht weit entfernt von einem Fluss, dessen Rauschen du hören kannst. Der Fels war einst Teil einer Formation, der im Laufe der Jahrhunderte sein Aussehen und seinen Standplatz verändert hat.

Glaube nicht, dass Steine immer am selben Platz bleiben, auch sie sind der Veränderung unterworfen. Wenn diese auch in den meisten Fällen nicht so gravierend auffällig ist, doch durch die Aktivitäten von Mutter Erde werden auch Felsen beeinflusst.

Dieser Stein, vor dem wir nun stehen, unterscheidet sich rein äußerlich in nichts von den anderen Steinen und Felsbrocken, die du kennst und die im weiteren Umfeld hier zu sehen sind. Und doch ist dieser Stein anders… Er ladet dich ein, in seine Energie einzutreten… Komm, geliebte Seele, sei mutig, ich bin bei dir… Öffne deine Arme weit, umfange den Stein, der sich so wunderbar glatt und kühl auf deiner Wange anfühlt und vereine deinen Herzschlag mit seinem…

Nun spüre, wie du in sein Inneres gezogen wirst…Was fühlst du? Was siehst du?

„Oh, ich fühle Weite, trotz der Enge…, ich fühle Frieden, trotz meiner Ängstlichkeit, und ich sehe Licht, obwohl wir von steinernen Wänden umgeben sind.“

Schön. Du hast dich auf seine Energie eingestimmt, nun bitte den Stein um jene Weisheit, die er dir offenbaren will. Höre gut zu, denn er spricht mit der Schwingung des Seelenverständnisses. Sie zu spüren und in Worte umzusetzen gelingt nicht allen Menschen. Es ist deine Liebe zur Schöpfung, deine Dankbarkeit Gott und Mutter Erde gegenüber, die euer beider Seelenschwingung in Übereinstimmung sein lässt.

„*Meine Schwingung beinhaltet Geduld! Ich bin zeitlose Energie, die zum Ausdruck bringt, dass Schöpfung veränderbar ist, auch wenn dies für physische Augen nicht einmal innerhalb mehrerer Leben erkennbar ist. Meine Schwingung breitet sich über Berge und Täler aus, denn ich bin mit allen anderen Steinen verbunden. Wir sind alle eins. Wir geben Geduld an unser Umfeld ab. Weshalb finden so viele Menschen in der Natur ihren Frieden? Warum können sie Lasten, die sie in ihren Herzen tragen, in der Weite der Natur viel leichter loslassen? Es ist Geduld, die im Frieden der Natur beheimatet ist. Wir kennen nicht euren Drang nach immer mehr. Wir sind uns selbst genug. Wir wissen um unsere Verbindung zum Schöpfer und wir drücken unser*

Sein aus, indem wir sind, was wir ausstrahlen... Öffne dich für die Schwingung, die ich bin. Nimm sie in Herz und Seele auf und erinnere dich daran, wenn du glaubst, dass ohne dich nichts geht...“

Komm, geliebte Seele, Artinus geleitet dich wieder zurück an den Ort, von dem aus du aufgebrochen bist. Atme tief durch und wenn du wieder ganz im Hier und Jetzt bist, in deinem Körper, dann öffne deine Augen…

Artinus hat dich zu seiner Botschafterin ernannt. Zu seiner Stimme, die durch dieses Buch und den Heilquellen-Kristallen zu anderen von der Schönheit, vom Frieden, von der Heilkraft und von der Weisheit der Natur sprechen soll. Ich werde dich zu den Plätzen führen, wo du dies in einem noch stärkeren Ausmaß spüren wirst, als dies bei der Silberesche der Fall ist. Ich werde dich zu jenen Bäumen führen, die dir von der Schwingung erzählen, die ihnen zu eigen ist, und die der Mensch in sich aufnehmen soll. Damit er dadurch seine Seele, seinen Geist und seinen Körper stärken und ins Gleichgewicht bringen kann.

Der Geist der Eiche ist einer, den ich dir vorstellen möchte. In jedem Baum lebt der Geist Gottes. So wie sich die Vielfalt der Menschen in Wesen und Ausdruck wiederspiegelt, so geschieht dies auch mit den Energien der Natur.

Die Eiche steht für Ausgleich. Das bedeutet, in deiner Mitte zu sein. Frei von illusionären Wünschen in dir zu ruhen und zu erkennen, dass alles in deinem Leben ausgeglichen sein sollte. Du lebst auf einem Planeten, der von Polarität beherrscht wird. Du kannst das eine nicht wegmeditieren, weil dir das vielleicht besser zusagt als das andere. Gegensätze wird es immer geben! Es kommt darauf an, wie du damit umgehst. Wie sehr du bereit bist zu verstehen, dass nur die Gegensätze in deiner Entwicklung dich zu dem Menschen formte, der du heute bist. Jegliche Erfahrung erweiterte deinen Wissensstand und stellt dich dabei vor Aufgaben, die nicht immer einfach zu bewältigen waren. Doch dein Bewusstsein hat in entscheidenden Momenten nicht auf das beharrt, was logisch schien, sondern sich darauf besonnen, auch das Gefühl, die weibliche Energie in deine Entscheidungen miteinzubeziehen. Sehr oft hast du diese beiden

Gegensätze in weiser Voraussicht vereint, indem du deinem Gefühl gefolgt und ausgleichend gehandelt hast.

Ausgleich bedeutet, nicht das eine verleugnen, weil es nicht immer ins Konzept deines Lebens passt, sondern anzuerkennen was ist, und dann so handeln, dass beiden Teilen einer Sache/eines Problems oder was auch immer, die nötige Aufmerksamkeit geschenkt wird.

Ausgleich ist ein Gefühl, das mit der Erfahrung wächst.

Wenn dieses Gefühl in dir erst einmal verinnerlicht ist, wird es dich nie mehr verlassen. Du, und alle Menschen, die sich für Ausgleich öffnen, werden dieses Gefühl in ihren Entscheidungen und Handlungen einfließen lassen, und genau das ist es, was ich dir ans Herz legen möchte.

Männliche und Weibliche Energie in dir zu vereinen ist wieder etwas anderes, obwohl du auch hier das „Mitspracherecht" hast. Jede Seele, die in eure Welt hineingeboren wird, vergisst ihre himmlische Herkunft, ihre Göttliche Ausgewogenheit. Das Massenbewusstsein, das die heranwachsende Seele immer mehr beeinflusst und von ihrem Göttlichen Wissensstand abschneidet, hat in den vergangenen Jahrhunderten immer wieder dafür gesorgt, dass diese Ausgewogenheit sich zugunsten der Männlichen Energie verschoben hat. Das drückte sich in vermehrtem Kampfgehabe und Kriegsgetöse aus. Aber im Wassermann-Zeitalter beginnt sich wieder Männliche und Weibliche Energie im Menschen zu harmonisieren. Das ist notwendig, um den Aufstieg des Planeten und all seiner Geschöpfe in der Form zu bewältigen, wie das die Göttliche Führung vorgesehen hat.

Die Mutterenergie muss sich über den Planeten ausbreiten, weil ausgleichende Gefühle den Planeten bei seinem Neuanfang unterstützen können, damit Ausgewogenheit herrscht, wenn er sich in die höheren Dimensionen einschwingt. Es gibt auf deiner Welt noch viel Ungleichgewicht, das Angst und Schrecken verursacht; es ist das Aufbäumen der alten Männlichen Energie, die nur zögernd weichen will. Doch wisse, alles geht seinen vorbestimmten Weg. Für uns sind Zeit und Raum bedeutungslos. Wir folgen unserem Göttlichen Auftrag, den Menschen zu helfen wieder in Übereinstimmung zu kommen mit dem Licht, aus dem sie gekommen sind. Denn nur wer sich seines Lichts bewusst ist, wird die schöpferische Kraft in ihm zum Wohle des Ganzen einsetzen. Nur wer sich seiner Herkunft öffnet, wird sich inniger mit der Natur, mit ihren Wesen und mit Mutter Erde verbinden und dadurch lernen, seine außersinnlichen Begabungen zu aktivieren. Denn die Kommunikation zwischen Mensch und Naturgeistern wird immer mehr zunehmen, zum Wohle beider.

Eine Seele, ihres Göttlichen Ursprungs bewusst, wird als erstes dafür sorgen, dass die Männlichen und Weiblichen Energien in ihr ausgewogen sind, damit sie ausgleichend sein und wirken kann. Und genau das ist es, was ich dir ans Herz legen möchte: Sei in deiner Mitte, so oft du kannst und drücke dadurch Ausgeglichenheit aus.

Nun suche die Eiche auf, die am Wasser steht, und du wirst von ihrem Geist Erstaunliches erfahren. Gehe hin, umfange den Stamm, öffne deine Sinne, dein Herz und deine Seele und bitte die Eiche, in ihre Energie eintreten zu dürfen, damit sie dich Ausgleich fühlen lässt…

Ich grüße dich, Licht aus der Einen Quelle! Tritt ein in meine Energie, die jene des Ausgleichs ist. Ausgleichend zwischen dem Männlichen und dem Weiblichen als fühlbarer Ausdruck für alle Besucher, die an diesem Ort ihren Geist beruhigen und ihrer Seele Gutes tun möchten. Komm, verstärke deine Umarmung und schließe deine Augen. Lege deine Wange an meine Rinde... Verankere deine Füße in meinen Wurzeln und bitte die Mutter, dich zu erden. Danach öffne dein Bewusstsein und folge mir...

Spürst du, wie das Wasser, das meine Wurzeln aufnehmen, auch in deine Gefühle zu fließen beginnt? Erlebe diesen Augenblick als dein heiliges Öffnen zur Selbstliebe und zur Liebe zu deinem/deiner Partner/in. Fühle, wie neue Energie in dich einfließt, um dir bewusst zu machen, wie schön du bist...; wie schön das Leben ist, das du selbst mit deinem Denken beeinflussen kannst...

Spüre die Liebe, die ausgleichen möchte zwischen dem, was euch so verschieden sein lässt. Meine Schwingung will dir helfen, von deiner Mitte heraus zu agieren. Siehe, ich öffne mein energetisches Herz und erlaube dir einzutreten, um intensiv fühlen zu können...

Fühle die Ruhe, die sanfte Freude, die in dich einzieht und trete in den Lichtkreis meines Höheren Selbst.

Verschmelze mit diesem Licht, sei du ich..., fühle mein pulsierendes Leben. Schau auf meine Wurzeln, wie unendlich weit verzweigt sie sich im Boden ausbreiten. Sieh, wie kleine Erdwesen den Boden bearbeiten und verfolge das Tun der Mütterlinge, die blockierte Energieströme auflösen, damit der Kreislauf, der die Natur mit der Mutter verbindet, aufrechterhalten werden kann. Du bist mit mir eins, verbunden mit dem Geist Gottes, mit deiner Liebe zur Natur, fühle wie ich von der nährenden Kraft der Erdenmutter gespeist werde..., werde Zeuge davon, wie diese Kraft den Stamm emporsteigt und sich in den Ästen und Zweigen ausbreitet. Fühlst du es, wie meine Äste und Zweige sich der Sonne entgegenstrecken, um das Licht aufzunehmen, das ich brauche, um wachsen und gedeihen zu können? Das Zusammenspiel von Mutter Erde und dem Göttlichen Licht bewirken, dass ich meiner Bestimmung gemäß auf mein Umfeld einwirken kann. Das bedeutet in meinem Fall, die Schwingung des Ausgleichs zu verbreiten, damit sie heilend auf die Gefühle der Menschen einwirken kann, sofern sie dafür bereit sind, sich dafür zu öffnen. Erlebe das Wohlgefühl. Sehe, wie meine Energie dich umkreist, lasse dich in diese Erfahrung fallen..., und finde dich wenig später in meinem Kronendach wieder. Was ist das für ein Gefühl? Was für eine Sichtweise?

Fühle das Licht der Sonne und des Himmels, das durch dein Scheitelchakra in dich einfließt und deinen Körper mit neuer Kraft, mit neuem Wissen erfüllt...

Nehme dich, nach einigen tiefen Atemzügen wieder bewusst wahr... Wisse, diese Erfahrung, die du erleben durftest, sollte dich fühlen lassen, Ausgleich nicht nur dem Namen nach zu erfahren, sondern in seinem Ausdruck eins mit ihm zu sein. Spüre dieser Vision, dich mit Himmel und Erde eins zu fühlen, immer wieder nach. Dann wirst du voller Überzeugung die Botschaften Artinus verbreiten, die davon Zeugnis ablegen, dass der Geist der Natur auch der Geist des Menschen ist, hervorgegangen aus dem Göttlichen Geist in Liebe. Du durftest Ausgleich fühlen und erfahren, nun sei bestrebt, in deinem Leben ausgleichend zu wirken und zu sein...

Ich danke dir, Geist der Eiche, von Herzen!

Wurli

Von einem kleinen Wesen mit wuscheliger Haarpracht, die dünnen, eng verzweigten Ästen ähnelten, wurde ich zu einer Strauchgruppe geführt. Es verbeugte sich formvollendet vor mir und deutete mit einer einladenden Handbewegung von sich zum Strauch hinter ihm. Ein kleiner, freundlicher Naturgeist, dem ich den Namen Wurli gab, weil seine Haare das Auffallendste an dem kleinen Kerl waren. Er übermittelte mir gedanklich, dass viele seiner Artgenossen an diesem Teich im Umfeld der Haselsträucher ihr Zuhause hätten. Sie würden auf die offene Energie der Kinder ansprechen, und mit ihnen, falls sie das wünschten, in spielerischer Art ihr Wissen austauschen. Die Kinder der Neuen Zeit werden einen ganz anderen, offenen Zugang zu den Naturgeistern besitzen, wie dies zurzeit der Fall ist, erzählte mir der kleine Kerl stolz. Jetzt gäbe es nur vereinzelt Kinder, die sie bewusst wahrnehmen und mit ihnen spielen würden. Doch diese Kinder, deren Herz- und Seelenverbindung noch eng mit ihrer Göttlichen Heimat verbunden sei, seien begierig, die Geschichten von Mutter Erde und ihren unzähligen „Mitarbeitern“ zu hören. Das seien alles

Samen, die in ihren Herzen heranreifen würden, sagte mir Wurli und forderte mich auf, mich mit dem Geist des Haselstrauchs zu verbinden, denn dieser möchte sich gerne mit mir austauschen. Schaue mit deinem dritten Auge, denn mit deinen physischen Augen wirst du ihn nicht erkennen können. Ist er nicht ein schöner, interessanter Ausdruck von Lebensenergie? Schmal und gradlinig unterscheidet er sich fast nicht von den Staudenzweigen. Einzig die dunklen Augen, die in Windeseile das Geschehen um ihn herum verfolgen, geben Zeugnis von seiner Anwesenheit. Wurli erzählte mit lebhaften Handbewegungen alles, was ich über den Staudengeist wissen sollte. Er sagte, der Geist sei einer von vielen Haselstrahlen, die, vom großen Haselgeist ausgehend, in allen Sträuchern zu finden sei. So wie ich ein Teil der Quelle sei, hervorgegangen aus dem Licht Gottes, so seien auch alle Energien im Natur- und Elementarreich aus dem einen Ganzen hervorgegangen. Sie würden sich, ihrer Bestimmung gemäß, als einzelne Lichter über den Schöpfungsraum verteilen. Denkst du, so ein „lebendiger Zweig“ mit lustigen Augen hat dir nichts zu sagen? Versuche es einfach. Ich weiß, er ist mitteilungsbedürftig und freut sich, wenn du dich auf seine Schwingung einstellst und ihm zuhörst.

Ich nickte zustimmend und trat ganz nahe zum Strauch hin. An diesem schwülen Tag machte ich es mir gemütlich, setzte mich im Schneidersitz nieder und wartete, was mir gedanklich übermittelt wurde. Ich brauchte nicht lange zu warten…

„Schön, schön, du bist also eine der Seelen, die mit uns Kontakt suchen, fein, fein. Wir sind wichtig, o ja, o ja, und wir sind unserer viele, sehr viele…Wir beleben unsere Heimstatt mit unserer Energie und senden sie gleichermaßen nach allen Seiten hin aus, um mit den anderen Energien in unserem Umfeld in ständigem Austausch zu sein, schön, schön…, das beschäftigt uns andauernd und so finden wir selten eine Möglichkeit, mit Menschen ins Gespräch zu kommen. Ist ja auch nicht so einfach, hm, hm, denn uns schenken die Wenigsten Aufmerksamkeit…Jeder geht achtlos an uns vorbei, keiner, der uns anerkennende Blicke zuwirft, keine Wange, die sich an unseren dünnen Stamm legt, schlimm, schlimm…, dabei sind wir nützlich und schön.

Wir sind Teil des Systems und gehören anerkannt, so wie ihr anerkannt werden möchtet…Versuche dir doch einmal eine Welt ganz ohne Sträucher vorzustellen, nur mal so…, wäre das nicht furchtbar? Schrecklich, schrecklich! Du nickst, also habe ich Recht. Ich wusste es, ich wusste es, ohne uns ist die Schöpfung genauso unvollkommen, wie sie es ohne die kleinen Käfer, Insekten und all der anderen Lebewesen ist, die ihre Berechtigung zu leben haben. Eins ist ohne das andere nicht ganz. Der Strauch ist genauso wichtig und erhaltenswert für das Ganze wie der Baum. Das, ja genau das, wollte ich nur gesagt haben. Vergiss es nicht, wenn du das nächste Mal durch die Straßen gehst und zu deiner Seite Sträucher stehen. Grüße sie aus deinem Herzen, denn ihre Strahlen sind meine. Wir sind eins, wir haben eine Heimat, eine Herkunft, einen übergeordneten Sinn…“

Wie erwachend schaute ich mich um und hatte doch tatsächlich das Gefühl von vielen kleinen, dunklen Augen aufmerksam beobachtet zu werden. Ich stand auf, dehnte mich und bedankte mich bei den Geistern für diese Kommunikation.

Nela über Selbstliebe

Ich möchte dich heute mit der Schwingung von Selbstliebe konfrontieren. Viele Menschen verwechseln Selbstliebe mit Arroganz, mit Selbstüberschätzung. Selbstliebe ist nichts von alldem. Es hat nichts mit Überheblichkeit und falschem Stolz zu tun, sondern bedeutet, tief und wahrhaftig das zu lieben, was du bist. Eine Seele aus Gottes Strahl geschaffen, ausgestattet mit einem Bewusstsein und tiefer Spiritualität, die in vielen Leben durch falsche Denk- und Glaubensmuster verleugnet, und daher nicht gelebt wurde. Noch nie zuvor war es so leicht wie in diesem Leben – in dieser Zeit des Dimensionswandels – sich zur eigenen Spiritualität zu bekennen. Nie zuvor wurde und wird immer wieder an dich die Aufforderung gestellt, zu deiner Kraft zu stehen, zu dem wunderbaren Wesen, das du bist. Wenn du dich liebst, anerkennst du das Göttliche in dir und du beginnst dich automatisch wertzuschätzen. Dadurch hören sich Selbstkritik und -verurteilungen auf, weil du weißt, dein Ausdruck ist die Summe all dessen, was du gedacht, wie du gelebt und gehandelt hast. Nichts davon ist zu verurteilen, denn du bist geboren, um deiner Seele diese Erfahrungen zu ermöglichen.

Du hast immer eine Wahl!

In diesen Zeiten der Wandlung, wo vieles um dich herum sich in Chaos und Aufruhr befindet, kommt das zum Tragen, was deiner Seelenbestimmung zugrunde liegt. Welche Seite wählst du? Angst oder Liebe? Licht oder Dunkel?

Viele Menschen möchten mit dem Planeten mitaufsteigen. Sie wählen das Licht, sind aber nicht bereit, das mit aller Konsequenz zu tun. Sie möchten sich noch Hintertüren offenlassen, durch die sie unauffällig verschwinden können, wenn es ans „Eingemachte“ geht, wie ihr zu sagen pflegt.

Vertraust du deiner Göttlichen Führung, auf dein Herz, brauchst du keine Hintertüren, denn diese Denkweise resultiert aus der Angst, was ist wenn…? Gehe ins Vertrauen, in die Selbstliebe. Du bist ein wundervolles Gefäß Göttlichen Geistes, das wert ist, geliebt und geschätzt zu werden.

Ich möchte dich nun fühlen lassen, was Selbstliebe und Wertschätzung in deinem Sein vermögen. Folge mir zur Esche, an der du schon oft bei deinem Spaziergang zum Fischteich vorbeigegangen bist. Sie kann dir helfen, in die Selbstliebe zu kommen…

Ich habe leichtes Herzklopfen, als ich endlich die Esche erreiche und meine Hände ihren Stamm umfassen. Leicht lehne ich mich an ihn, grad so viel, dass mein Herz ihn zu spüren beginnt, erst dann lege ich mein Gesicht an den Stamm, schließe die Augen und bitte die Esche mir zu helfen, in die Schwingung der Selbstliebe zu kommen.

„*Sei gegrüßt, du lichtvolle Seele, deren Herz bereit ist, meine Schwingung zu spüren. Sie beinhaltet Selbstliebe und Wertschätzung. Vereine deinen Herzschlag mit dem meinen und gehe ins Fühlen… Sich in die Natur zu spüren, sollte das Ziel aller Menschen sein, denn der Geist des Menschen ist mit dem Geist der Natur verbunden. Neue Erkenntnisse werden dir zuteil, wenn du diese Gemeinsamkeit anerkennst und dein Handeln danach ausrichtest. Spüre meiner Energie nach, sie beeinflusst auf positive Weise Heilungen bei Störungen von Seele und Geist. Du musst dich jedoch wahrlich dafür öffnen, denn Eschen sind Herzbäume. Komme zu mir, wenn dein Herz, deine Seele verletzt sind. Gar oft ist es der Fall, dass nicht andere dich verletzten, sondern du selber es tust. Das zu erkennen, bedarf der Verbindung mit dem Geist der Natur. Er zeigt dir auf, wie eng der Mensch mit seiner Umwelt verflochten ist. Sieh die vielen Kahlschläge in den Wäldern und Auen, das Roden zugunsten von noch mehr Freizeitanlagen, die der Mensch nicht braucht, weil er in vielen Dingen ohnehin schon „gesättigt" ist. Ein Spaziergang voll Ehrfurcht und Dankbarkeit im Frieden der Natur bringen Herz und Seele mehr Erholung, als manche Freizeitgestaltungen es vermögen. Die Natur heilt, regeneriert, inspiriert zu schöpferischem Tun und ist in keinem Moment dem Streben nach besser und schneller zu sein untergeordnet. Atme dich in meinen Frieden…,in mein Göttliches Herz und erfahre Selbstliebe und Wertschätzung in ihrer reinsten Form…"*

Welche Freude zieht in mein Herz, erfüllt es, lässt es aufgeregt schlagen…,ich sehe mich als das Lichtwesen, das ich bin. Groß, mächtig, strahlend. Nichts mehr ist vorhanden vom täglichen Überlebenskampf, vom Stress, alles perfekt machen zu wollen, vom Unterdrücken der Gefühle, damit niemand sieht, wie mir wirklich zumute ist; nichts mehr ist da von meinen Selbstzweifeln gut genug zu sein als Frau, als Mutter…In diesem Moment bin ich frei von Schuldgefühlen mir selbst und anderen gegenüber. Ich beginne mich endlich so zu sehen, wie ich wahrhaftig bin. Eine Welle von Liebe durchzieht mich von oben nach unten, erfüllt mich und lässt mich mit diesem wunderbaren Lichtwesen eins sein…Ich spüre die Verbindung zwischen Gott und den Menschen, zwischen Leben und Tod. In mir sind so viel Frieden und Erkenntnis, so viel Liebe und Wertschätzung, wie ich nie zuvor für mich empfunden habe. Es ist dieses Gefühl, das sich in mir mit jedem Besuch bei der Esche mehr festigen wird und dafür, liebe Esche, sage ich dir herzlichen Dank. Danke für diese wundervolle Vision meiner selbst…

Element Luft:

Erkenne dich wieder im Ausdruck der Elemente

Elementare sind die Hüter der Natur und haben eine kraftspendende Wirkung auf dich. Auch das, was dir tote Materie scheint, ist von Lebenskraft durchdrungen. In der Neuen Zeit wirst du viel mehr als bisher mit den verschiedenen Ausdrucksformen der Elementargeister konfrontiert sein. Die Hilfe dieser Wesen wird für dich von unschätzbarem Wert sein, wenn du dich mit den spirituellen Kräften von Erde, Wasser, Luft und Feuer verbindest. Sie sind Energien, die dir die Geheimnisse der Natur in einer Weise offenbaren, wie sie dir bis jetzt noch nicht untergekommen sind. Sie drücken sich in einer Vielfalt an Formen aus, wie dies der Elementar einer Sonne, eines Meeres oder eines gewaltigen Berges tun und in den winzigsten Elementaren, die in einem Regentropfen, im Sandkorn, im Blatt eines Baumes zu finden sind.

Durch den Anstieg deiner Schwingungsfrequenz wirst du in der Lage sein, dich vermehrt in ihre Energien einzuschwingen, um zum Wohle der Schöpfung tätig sein zu können. Du wirst mit ihnen kommunizieren und auf diese Art erfahren, wo deine Hilfe vonnöten ist, und wo du andere darauf aufmerksam machen sollst, dass sie dieses Stück Land in „Ruhe“ lassen sollen, weil dort Elementar- und Naturgeister wirken und versuchen das Gleichgewicht in der Natur zu bewahren.

Sei flexibel und wandlungsfähig wie das Element Luft; fließend und vorwärtsstrebend wie das Element Wasser; begeisterungsfähig und erneuernd wie das Element Feuer; bodenständig und schöpferisch wie das Element Erde.

Wenn du dich mit dem Element Luft verbindest, wirst du erfahren, wie Leichtigkeit sich anfühlt. Du kannst dabei alles „durchlichten" lassen, was du an Schwerem mit dir schleppst. Menschen nehmen oftmals alles viel zu schwer, sie lassen sich niederdrücken von alten und übernommenen Gedankenmustern und Emotionen, ohne sie zu hinterfragen. Nicht alles, was euch widerfährt, ist dazu bestimmt, lange Zeit bei euch zu bleiben. Das meiste dient nur dazu, euch erkennen zu lassen, wie ihr damit umgehen solltet. Lasst ihr euch davon niederdrücken und in die Opferrolle drängen oder seid ihr in eurer Denkweise bereits zur Erkenntnis gelangt, dass ihr in eurem Leben Mitschöpfer seid? Wenn ihr soweit seid, euer Mitschöpfertum in eurem Denken und Handeln einzusetzen, werdet ihr jene Leichtigkeit in euer Leben bringen, die dem Luftelement und seinen Wesen zu eigen ist. Das bedeutet nicht, dass ihr die Dinge leugnen sollt, die euch passieren, sondern dass ihr sie von einem anderen, höheren Blickwinkel aus betrachten solltet. Bringt auch die Freude in eure Betrachtungen mit ein, um zu sehen, wie viel leichter euch eure Schöpfungen fallen, wie viel mehr an Toleranz und Akzeptanz ihr dadurch ausdrücken könnt, und wie viel schöner das Leben in seinem ganzen Ausdruck deshalb sein kann.

Das Luftelement steht für Freiheit, für Weite und Unendlichkeit, aber auch für Erneuerung. Es verkörpert die Ebene der Gedanken- und Ideenwelt und Kräfte wie Inspiration oder Lebensenergie. Spüre seine Kraft…Die Luftelementare sind allgegenwärtig…, die kleinen wie die großen, die die Seele der Stürme und Orkane bilden…Verbinde dich mit einem Elementarwesen der Luft, lasse deinen Geist sich in der Weite des Himmels frei entfalten, lasse los von begrenztem Denken und öffne dich der Freiheit dieses Elements…Werde zum Luftwesen, das seine Flügel ausbreitet, um auf den Wellen der Leichtigkeit und der Freiheit zwischen den Welten hin und her zu schweben…

Ich begann Töne von unbeschreiblicher Reinheit zu vernehmen. Anfangs nur schwach zu hören, schwollen sie immer mehr an, bis ich das Gefühl hatte, direkt in das Zentrum der Klänge geführt zu werden. Die Luft um mich herum vibrierte von den unterschiedlichsten Klängen, und ich ließ mich in das Gefühl hineinfallen… Vor mir öffnete sich die Weite des Himmels, kleine Schäfchenwolken bildeten das Empfangskomitee, und ein warmer, weicher Lufthauch liebkoste unaufhörlich mein Gesicht. Gestalten aus Farben und Formen, aus feinster durchsichtiger Energie bewegten sich tänzerisch in einem Rhythmus, der aus ihnen selbst zu kommen schien. Dabei erklangen Klänge, deren Tiefe und Reinheit mir Gänsehaut verursachte. In der unendlichen Weite des Himmels blinkten, wie auf verborgenem Befehl, kleine goldfarbene Lichter auf und verbanden sich mit dem großen goldenen Licht, das mich willkommen hieß. Seinem Zentrum entströmte ein Lichtfeuer, das die kleinen goldenen Lichter in sich aufnahm. Über allem lag der Hauch eines Klangs, wie ich ihn nie zuvor vernommen habe…Zart, wie die Liebkosung des Windes, und dann wieder mit einem kräftigen Hauch, der es schaffte, tief in meine Zellen einzudringen. Dort drinnen schien er Erinnerungen zu wecken, die ich längst vergessen glaubte…, ein Wirbel aus ätherisch schönen Luftgeistern um mich herum begann zu singen…, ein unbeschreiblicher Chor von Stimmen. Durch alle Dimensionen hindurch breitete sich diese Melodie aus wie Wellenringe im Wasser um die Stelle, an der ein Stein das Wasser berührte. Daraufhin begann auch mein Herz zu antworten…, das Lied meines Herzens schwebte ebenfalls dem goldenen Lichtzentrum zu und bildete dort einen klingenden Stern. Ich hörte eine Stimme, die mir erklärte, dass das Große Licht im Zentrum die Töne segne. Nach dem Segen verlassen die Sterne wieder das Große Licht und ziehen weiter in ferne Universen, um die Botschaft der Klänge und des Lichts weiterzutragen. Der Himmel vor mir füllte sich mit Abertausenden glitzernder Sterne….

Ein einzelner Stern, geschaffen aus dem Lied meines Herzens, verließ den Großen Stern und kam direkt auf mich zu und hielt Einzug in meiner Brust. Wieder hörte ich die Stimme, getragen von einer Melodie der Leichtigkeit, die mir die Botschaft vermittelte: „*So erreicht der Klang Gottes jede Ebene, jeden Planeten, jedes Universum, alle Paralleluniversen und Dimensionen. So wird jedes Herzenslicht zum Lied der Schöpfung, zum grenzenlosen Raum der Liebe, bereit, von dort heraus den Segen des Allerhöchsten unter den Menschen zu verteilen...*

Danke Artinus! Ich empfand große Dankbarkeit für die Gnade dieser Innenschau. Mein Herz floss vor Freude fast über, Leichtigkeit auf diese wundervolle Art gefühlt zu haben. Nie mehr werde ich das Eins sein mit den Energien der Luftelemente vergessen…

Element Wasser:

Fließend und vorwärtsstrebend

Wenn du dich mit dem Wasserelement verbindest, wirst du erfahren, wie machtvoll es sich anfühlen wird eins mit ihm zu sein. Die Energie des Wassers ist kraftvoll und mächtig, aber auch ruhig und schöpferisch, so wie es allen Elementen zu eigen ist. Alles hat zwei Seiten, auch die Elemente drücken dies aus. Kraftvoll laut und besinnlich leise. Sie spiegeln in vielem das Denken der Menschheit wider, das genau so widersprüchlich ist wie die umgebende Natur. Wasser zeigt dir auf, wie du „im Fluss“ sein kannst. Das Wasserelement steht für Fähigkeiten wie Lebendigkeit, Emotionalität und Intuition, aber es verkörpert auch die Kräfte wie Reinigung und Wandlung. Wasser ist ein Lebenselixier. Es geht in die Gefühle und kann dir Kräfte verleihen, die ein großes Potential zur Veränderung in sich tragen. Die Wasserelementare vermitteln Flexibilität, Lebensfreude und Heilkräfte. Versuche mit den Wasserelementaren in Kontakt zu treten. Gehe zu dem Ort, wo Quellen aus der Tiefe der Erde ans Tageslicht sprudeln, die Licht aus hohen Dimensionen mit sich führen, und richte alle deine Sinne auf den sprudelnden Quell. Wenn es die Temperatur erlaubt, tauche deine Füße in das Wasser und bitte an diesem gesegneten Ort mit deinem Herzen, die Elementare mögen dir Kraft zur anstehenden Wandlung geben und dich mit deinen Gefühlen verbinden. Richte alle deine Sinne auf das Wasser, das deine Füße umspült…

Kleine Bläschen an der Wasser-Oberfläche reflektierten das Licht wie fließende, glitzernde Kristalle. Lichtstrahlen drangen aus der Tiefe des Gesteins und verbanden sich mit meinem Herzen. Wie eine Feder im leichten Sommerwind begann ich über der Quelle zu schweben…

Nachdem ein Lichtstrahl sich in meinem Herzen verankert hatte, floss ich zum Wasser, wurde zum Wasser… und erblickte ein wundervolles Wesen , von dem eine Energie ausging, die so strahlend war, dass sie wie ein sichtbarer

Mantel wirkte. Als es zu sprechen begann, schienen Licht und Wasser durch seinen Körper hindurch zu schimmern. „*Ich bin in dir, wie du in mir bist. Fühle meinen Schmerz um die Wasser dieser Welt. Fühle das Bestreben der Elementare , die Giftstoffe, die man in die Wässer geschüttet hat, zu transformieren. Wir arbeiten intensiv daran, die Folgen falschen Handelns und Denkens zu relativieren. Wird Wasser verschmutzt, so wie es tagtäglich millionenfach geschieht, nimmt die Bewegung seiner Moleküle ab. Damit verringern sich aber auch die Lebenskraft des Wassers, seine Heilkraft und Reinheit. Die Verschmutzung bremst die Energie des Stoffes und die lebendige Energie zieht sich daraus zurück. Die Folgen, die sich daraus ergeben, bekommen die Menschen bereits an fast allen Orten der Welt zu spüren. Wasser ist die Saat der Sterne und sollte wieder so rein wie zu Anbeginn des Lebens auf eurem Planeten sein. Etwas Neues fließt durch die geöffneten Lichttore auf den Planeten Erde ein und wird dafür sorgen, dass dem Wasser wieder der nötige Respekt entgegengebracht wird.“*

Ich bekam einen silbernen Becher voll glasklaren Wassers in die Hand gedrückt und durfte davon trinken. Es war Wasser voller Leben, voller Licht, voller Erkenntnis und schmeckte einfach großartig. Ein Gefühl von nie gekanntem Eins sein durchströmte mich. Ich floss…ich bewegte mich in dem

Wasser mit einer Leichtigkeit und Lebensfreude, die keine Begrenzung kannte. Ich durfte mit allen Sinnen das Gefühl „im Fluss zu sein“ genießen…, glitzernd spiegelte sich das fließende Licht der Undinen in den zahllosen Farben wider, während sie an mir vorbeizogen…, dabei gaben sie Laute von unbeschreiblicher Klangfolge von sich, die in mein Herz einzogen und sich dort niederließen, um als bleibende Erinnerung an diese wunderbare Begegnung stets präsent zu sein. Nie wieder würde ich vergessen, wie es sich anfühlt, mit dem Element Wasser eins zu sein…Danke!

Element Feuer:

Begeisterungsfähig und erneuernd

Wenn du dich mit dem Feuerelement verbindest, wirst du erfahren, wie machtvoll es sich anfühlen wird eins mit ihm zu sein. Die Energie des Feuers ist kraftvoll, erneuernd, sie besitzt die Eigenschaft von Wärme, Licht und Leidenschaft, von starken Gefühlen und Transformation. Die Energie des Feuerelements hat die Entwicklung der Menschheit – im Guten wie im Schlechten – in entscheidender Weise beeinflusst. Auch hier gibt es Elementare in überragender Form wie die der Vulkane, aber auch jener, die in der kleinsten Flamme zu finden sind. Das Wesen der Feuerelementare ist erneuernd. Als solches ist es geradezu prädestiniert, die Neue Zeit auszudrücken, denn diese bringt es mit sich, dass sich das Alte oftmals vor deinen eigenen Augen auflöst. Viele Einstellungen und Glaubensmuster haben ausgedient und wenn es auch noch viele Menschen gibt, die die Neuen Energien als Schwachsinn abtun, so werden sie durch die Tatsache, dass vieles, was vor einigen Jahren und Jahrzehnten noch undenkbar schien, jetzt zum Alltag gehört, eines Besseren belehrt. Waren es vor fünfzig Jahren nur vereinzelt Menschen, die mit Geistheilung, Handauflegen und /oder energetischer Hilfestellung die Selbstheilungskräfte mobilisierten, ist es heute zur Selbstverständlichkeit geworden, zu einem/einer Energetiker/in zu gehen. Genauso selbstverständlich wird es sein, dass Menschen ihre „alten“ Begabungen und Fähigkeiten wieder erkennen und bereit sein werden, diese auch auszudrücken. Gar mancher Mensch wird seinen alten Beruf aufgeben, um seinen wahren Neigungen nachgehen zu können.

Dadurch wird er sich glücklicher und freier fühlen. Er wird nicht mehr Burnout gefährdet sein und die ständige Angst vor dem Verlust des Arbeitsplatzes wird der Vergangenheit angehören. Diese Menschen werden bei ihrem Tun die Leidenschaft einsetzen und wissen, dass Transformation dazugehört, wenn sie Teil haben wollen am Schöpfungsauftrag der Neuen Zeit.

Ich will dir aufzeigen, wie du mithilfe der Feuerelementare Transformation einleiten und deinem Leben neue Impulse geben kannst.

Entzünde eine Kerze, verbinde dich meditativ mit der Flamme und erde dich, indem du deine Wurzeln mit der Mutter verbindest. Spüre dich ein in die Kraft des Feuers. Lasse es geschehen, dass Elementare dich mitnehmen, um dich die Kraft ihres Lebensraumes spüren zu lassen. Spüre, wie sie dich hochheben in ihre Energie, fühle dich ein in das Element Feuer, werde zur Flamme…

Plötzlich stand ich vor einer gewaltigen Lichtsäule, die von einem Wasserfall reinen Lichts gespeist wurde. Ein wunderbares Farbenspiel unendliche Rottöne über gelb und orange, bot sich meinen Augen dar. Die Farben strömten in die

Säule hinein und wieder aus ihr heraus und umspielten mich anschließend als tanzende Lichter.

„Die Lichtsäule ist ein Durchgang. Wenn du ihn durchschreitest, wird dein altes Ich aufgelöst werden. Du wirst spüren, wie es sich anfühlt, vom Feuer der Erneuerung verzehrt zu werden. Bist du mutig genug, diesen Schritt in das Unbekannte zu wagen?"

Ich zögerte nicht lange. Die Lichtsäule vor mir wurde zu einer immer größer werdenden Fackel. Im Spiel der Flammen erkannte ich die Elementare des Feuers, doch da ich keine Hitze verspürte, ermutigte mich dies, den Schritt vorwärts zu machen und durch die Flammen hindurchzugehen. Artinus Worte begleiteten mich. *„Es ist kein einfacher Weg, der vor dir liegt. Vieles kann dich noch aufhalten und blockieren und du wirst einige Zeit lang das Gefühl haben, selbst innerhalb der eigenen Familie eine Fremde zu sein.*" Ich antwortete, dass mich das nicht abschrecken würde, denn ich habe das Vertrauen, dass ein Weg, der von meinem Herzen gutgeheißen wird, nicht falsch sein kann. Auch wenn er sich schwierig gestalten kann.

Nachdem ich die Säule hinter mich gebracht hatte, fand ich mich auf einer langen geraden Straße wieder, die ins Unendliche zu gehen schien. Auf ihr waren Menschen allen

Alters unterwegs, die sich ebenfalls mutig auf den Weg der Selbstbestimmung aufgemacht hatten. Aus ihren Augen strahlte erwartungsvolle Freude, je länger der Fußmarsch andauerte. Ab und zu löste sich einer der Wanderer aus der Reihe und ging den Weg, den er gerade gegangen war, wieder zurück, während andere sich uns wiederum anschlossen. Der Zug wurde auf diese Weise immer länger. Ich fasste mir ein Herz und fragte Artinus: „Sag, wohin gehen wir?“

Seine Stimme war nur sehr schwach zu hören, doch sie motivierte mich. *„Ihr geht alle eurer Erneuerung entgegen. Jeder auf seine Art und in seinem Tempo. Die einen, zu denen du gehörst, können es gar nicht erwarten, den Platz der Erneuerung zu erreichen, und wieder andere, die sich ihrer Entscheidung nicht sicher sind, wollen lieber noch zuwarten. Das ist in Ordnung und mit der jeweiligen Seelenführung in Übereinstimmung. Konzentriere du dich einfach auf das, was jetzt geschieht. Du darfst eintauchen in die Kraft deines Seins. Du darfst Vitalität, Leidenschaft und Lebensfreude in neuer Lichtqualität erfahren. Du darfst wachsen, reifen und dich erneuern…“*

Die Straße war plötzlich zu Ende. Ein weiter Platz tat sich vor mir auf, in dessen Mitte sich eine riesige Feuerstelle, eingefasst von unzähligen Steinblöcken, befand. Weithin sichtbar loderten die Flammen zum Himmel. Sie schienen ein Eigenleben zu haben, denn sie züngelten nach allen Richtungen. Dabei verströmten sie eine Kraft, der ich mich nicht entziehen konnte. Ich spürte, wie ich näher und näher hin zum Feuer gezogen wurde. Unwillkürlich griff ich nach meinen Haaren, doch anstatt Hitze zu spüren, übermannten mich Leidenschaft und Begeisterung. Ein riesiger Vogel kreiste über der Feuerstelle und senkte sich langsam nieder. Wellen feuriger Energie durchzogen mein Sein und ehe ich mich versah, fand ich mich auf den Schwingen des Vogels sitzend wieder. Sofort hüllten die Flammen den Vogel und mich zur Gänze ein. Ich spürte die innere Prozessarbeit, die Alchemie meines Herzens, das in einem gänzlich neuen Licht zu strahlen begann. Die Transformation erfasste meinen ganzen Körper. Alles wollte von mir in diesem Moment angenommen, akzeptiert und in das heilende Licht der Erneuerung überstellt werden. Ich durfte mich als Teil des Schöpfungsplanes erfahren, als der Vogel ins Feuer eintauchte … und sich mit mir in der Glut der Transformation auflöste…Ich übergab alles den Flammen, meine menschlichen Wünsche und Probleme, meine Bedürfnisse und

Klagen…alles löste sich im Feuer auf, stieg mit dem Rauch hoch und wurde transformiert.

„Wenn du begreifst, dass jede Erneuerung nur durch die Leidenschaft deines Herzens geschehen kann, wirst du verstehen, warum das Alte gehen muss. Du durftest fühlen wie es ist, wenn das Licht der Freiheit, der Reinigung und der Erneuerung durch deine feinstofflichen Körper strömt, wie deine alten Grenzen sich auflösten, und wie neue Freiheit sich anfühlen kann. Wisse, das ist die Energie der Neuen Zeit, von der ich immer zu dir spreche.“

Artinus hatte kaum geendet, als aus dem Feuer anstelle des alten Vogels ein neuer, noch größerer aus der Asche sich erhob. Gemeinsam entstiegen wir dem Feuer, schwebten hoch, kreisten einige Zeit über den Flammen, ehe der Vogel wieder auf dem Boden aufsetzte und mich von seinen Schwingen steigen ließ. Ein Blick in seine Augen machte mir klar, was ich fühlte…wir waren beide neugeboren…, bereit neue Gefühle auszudrücken, zu ihnen zu stehen, mit Leidenschaft zu agieren und zu dem zu stehen, was Herzenssache ist. Das auszudrücken, was den Neuen Menschen ausmacht…

Danke für diese gewaltige Erfahrung!

Element Erde:

Bodenständig und schöpferisch

Wenn du dich mit dem Erdelement verbindest, wirst du erfahren, wie wundervoll es sich anfühlen wird, eins mit ihm zu sein. Die Erdelementare sind die Träger der Erdkraft und verbinden dich mit der Kraft der Mutter. Sei dir bewusst, dass deine Wurzeln im spirituellen Sinn im Schoß der Erde liegen. Daraus wird alles Leben geboren, und darin kehrt alles zurück, was körperlich ist. Im Erdelement verbinden sich auf harmonische Weise männliche und weibliche Energien, doch ist die weibliche Energie die bestimmende, weil sie die empfangende und nährende ist. Die Erde drückt ihre Schöpferkraft in allem aus was sie hervorbringt, denn ihre Gaben nähren dich und erhalten dich am Leben. Das Erdelement steht für Bodenständigkeit, für Macht, Kraft, für Verwurzelung, Lebenskraft, Fruchtbarkeit und Stärke. Über jedes Stückchen Erde, jedes kleine Steinchen wacht ein Erdelementar. Und über allem die Göttin, die du Mutter Erde nennst. Die Kraft der Mutter, die sie ausdrücken kann, ist für dich nicht vorstellbar. Sie kann in zeitlichen Dimensionen ganze Kontinente verschieben, Berge aus den Tiefen der Meere emporsteigen lassen und ganze Landstriche entstehen und wieder vergehen lassen. Und sie kann heilend und tröstend für denjenigen sein, der sich seiner Verbundenheit mit ihr gewiss ist. Ich will dich in diese heilige Energie der Mutter führen; In die Schwingung ihres Herzens, die die Liebe für die Schöpfung hält und den Garten Eden beinhaltet. Diese Schwingung lässt dich fühlend sein. Öffne dein Herz für das Fühlen, dann kannst du aus ihm heraus Verbindung aufnehmen zu allen anderen Kräften. Diese Schwingung gleicht einer Welle im Ozean, ständig fließend, ewig gleich, der alle Kraft innewohnt. Du sollst dir der Kraft und Macht deines Herzens bewusst sein, wenn du dich und deine Welt ändern willst. Denn so wie du die Welt, mit deinem Herzen siehst, wird sie sich im Außen formen. Folge mir zu deinem Baum, der Silberesche und dann vertraue auf meine Führung…

Ich spürte, wie sich vor mir ein irisierendes Licht ausbreitete, in das ich mit großer Macht gezogen wurde…

Ich fand mich in einem Tal wieder, das sich vor meinen Augen in wundervollen Grüntönen ausbreitete. Ein Baum beherrschte durch seine Größe das ganze Tal. Seine Krone berührte fast den Himmel. Äste und Zweige streckten sich weitausladend dem Licht entgegen. Der Baum selbst war von einer Aura goldenen Lichts umgeben, das ihn schillern ließ wie die Flügel einer Libelle. Artinus Stimme klärte mich auf.

„*Das ist der Weltenbaum, der Urvater aller Bäume, die es zurzeit auf der Erde gibt. Er befindet sich im Zentrum der Mutter und verkörpert Kraft, Macht, Stabilität und Vertrauen. Lehne dich mit deinem Rücken an seinen Stamm und bitte ihn, dass seine Energie dich stärken und dich in sein Inneres bringen möge…*“

Pulsierendes grünes Licht erinnerte mich an den eigenen rhythmischen Schlag meines Herzens. Von zartem Gelbgrün, Türkis bis zum satten Dunkelgrün variierte das pulsierende Licht. Es tanzte um mich herum und forderte mich auf, mich ganz den Empfindungen hinzugeben. Ich hatte nicht mehr das Gefühl im Inneren des Weltenbaumes zu sein. Eher schien es mir, in den unendlichen Weiten des Universums zu schweben. Ich war frei von Angst. Mir schien, als ob die Sterne immer näher kommen würden. Plötzlich fand ich mich in einer Kammer wieder, deren Decke und Wände mit herrlichen Kristallen ausgeschmückt waren. Ich befand mich in der Energie grüner Jadesteine. Die sanfte Schwingung dieses

Steines drang aufgrund seiner hohen Frequenz tief in meinen Organismus ein. Auf einem Sockel in der Mitte der Kammer, thronte ein wunderschöner rosafarbener Stein, von dem ein strahlendendes Licht ausging. Ich wagte kaum zu atmen, denn mit jedem Schritt, den ich näher zu ihm ging, begann er heller zu leuchten. Ich fühlte mich zu diesem Kristall wie von einer unsichtbaren Kraft hingezogen. Als ich in seine Aura eintrat, wusste ich, das ist der Stein der Liebe im Herzen der Mutter, denn ich konnte mich in seinem Licht selber erkennen. Leise vernahm ich die Worte: *„Jeder liebende Mensch ist mein Ebenbild!“* Lichtstrahlen blitzten zwischen uns auf. Ich fühlte eine Freude und Lebendigkeit in mir, die mich ungestüm durchströmte. Es war eine neue Erfahrung für mich, so eine tiefe Verbundenheit mit der Liebe, ja mit der ganzen Schöpfung zu spüren. Neue Lebenskraft erfüllte mich und ich konnte es kaum erwarten, all die Inspirationen, die in diesem Moment in mich einströmten, in die Wirklichkeit umzusetzen.

All die Liebe zu den Bäumen, zu den Pflanzen, zu den Kräutern, all die Verbundenheit mit den Geschöpfen auf und in der Erde, das Eins sein mit den Wassern dieser Welt, ja mit allem Sein, das Gottes Schöpfung ausdrückte, in dieser Intensität fühlen zu dürfen, war unbeschreiblich schön.
Diesen Vorgang des Miteinander-Verschmelzens nicht nur zu

visualisieren sondern vor allem zu fühlen, war eine Erfahrung, die ich nie vergessen werde…

Ebenso unvergesslich und wundervoll waren die Meditationen und Visionen, die ich an den Orten erfahren durfte, wo die von Artinus bezeichneten Heilquellen zu finden waren. Jede dieser Quellen war ein Erlebnis für meinen Mann und mich und bot viel Raum für fühlende Erkenntnis.

Außerdem machten die Engel mich darauf aufmerksam, dass zu jeder Heilquellen-Kristall-Schwingung ein Kraftgebet gehört. Es diene der Anerkennung dieser großartigen Energie, die in die Wässer geflossen ist. Durch das Kraftgebet bleibt die Schwingung erhalten, die eine Würdigung für jeden einzelnen Heilquellen- Kristall ist.

An der Heilquelle mit der Schwingung:

‚Sternenlicht'

Dieser Ort war, wie die meisten der aufgesuchten Heilquellen, ein der Gottesmutter geweihter. Ihn zu erreichen, kostete den meisten Schweiß. Der steile Anstieg durch einen Hohlweg nahm und nahm kein Ende. Immer wieder musste ich stehen bleiben und nach Luft schnappen. Außerdem wurde mir bei dieser Wanderung wieder einmal deutlich meine Konditionsschwäche vor Augen geführt. Mein Mann war da aus anderem Holz geschnitzt. Bei ihm machten sich die täglichen weiten Spaziergänge mit dem Hund bemerkbar. Er bewältigte diesen Quellengang souverän.

Nach einer dreiviertel Stunde wirklich schweißtreibenden Aufstiegs war die Kapelle mit der sprudelnden Quelle daneben endlich erreicht. Ich benötigte erst mal Zeit, um „herunterzukommen". Doch die Mühe hatte sich gelohnt. Umgeben von herrlichem Mischwald, auf einer Lichtung mitten im Wald, war ich auf einem Platz, an dem ich die Waldgeister zum Greifen nah zu spüren begann.

Ich entzündete ein Öllicht in der Kapelle, füllte meine Flaschen mit dem Quellwasser und setzte mich auf die Bank, um mich in die Energie dieses Ortes einzuschwingen, während mein Mann und der Hund die nähere Umgebung erkundeten.

Schon bald spürte ich die Anwesenheit von Artinus, der eine ganze Armee seiner fleißigen Helfer mitgebracht hatte. In den einfallenden Sonnenstrahlen glitzerte es, als ob Tausender kleiner Elfen an den Blättern der Bäume geschäftig werken würden. Eine Vision um die Anfänge des Seins in die Wahrheit begann sich in mir auszubreiten. Hier war der Ort, wo die Rückkehr zur Wahrheit mich erkennen ließ, was der große Naturgeist mit dem Aufsuchen der Quellen bezweckte.

Hier erkannte ich deutlicher als je zuvor, wie wenig der Mensch braucht, um glücklich zu sein. Wie schnell es möglich ist, im Frieden und im Gleichgewicht zu sein. Nichts fehlt einem an so einem Ort der Wahrheit, der einem erkennen, fühlen und wissen lässt, was mit Rückkehr gemeint ist: Ein Leben frei von Stress und Machtstreben, frei von Illusion, dafür eingetauscht den inneren Frieden, die Leichtigkeit und das Verständnis allem und jedem gegenüber.

Das Rufen eines Greifvogels begleitete meinen Aufstieg in eine Energie, die mich über die Wipfel der Bäume gleiten ließ. Ich schwebte. Und ich fühlte. Es war eine spürbare Schwingung von Zufriedenheit, von Wertschätzung, von Mitgefühl und einem intensivem Zusammengehörigkeitsgefühl, die mich zu durchziehen begann. Ich sah die Neue Erde mit Menschen, deren Gesichter Freude ausdrückten, deren Tun von Leichtigkeit geprägt war und die im Einklang mit sich und der Umwelt sich des Lebens erfreuten. Ich sah das Licht dieser Menschen das ihre Sternenabstammung ausdrückte, und die innige Verbindung, die von ihnen ausging hin zur Quelle des Lichts. In dieser Vision gab es kein oben und unten. Alles war eins. Der Mensch mit seiner Herkunft, mit seinem Umfeld und mit seiner Bestimmung das Leben mit Freude auszudrücken. Zu fühlen, dass das Licht, das wir sind dasselbe ist, das uns führt. Es war genau diese Energie, die Artinus dem Wasser zusätzlich zuführte und für die ich ihm von Herzen danke sagte.

Wir blieben noch längere Zeit an diesem gesegneten Flecken Erde, um all das in uns aufzunehmen, was uns im „normalen“ Leben so sehr fehlt. Die Ruhe, der Frieden, die Geräusche des Waldes, das Eins sein. Als es wieder nach Hause und abwärts ging, konnten wir noch viele Gesichter in den dicken, alten Stämmen der Bäume ausmachen, und sogar eine sicher an die Zweihundert Jahre alte Buche ausmachen. Auch wenn ich geschafft war, jeder Schritt hatte sich bei dieser Quellen-Wallfahrt gelohnt.

Kraftgebet für Heilquellen-Kristalle: ‚Sternenlicht'

Licht bricht aus den Wolken hervor in der Stille der Nacht.

Öffnet in den Herzen ein Tor, freudig die Liebe erwacht.

Was du bist und fühlst, das sollst du weiter geben.

Du bist ein Geschenk für diese Welt, du bist Licht und Leben.

Lass die Liebe sich entfalten und wie eine Rose erblühen.

Lass dich von Gottes Händen halten, dich in ungeahnte Höhen führen.

ER allein gibt die Kraft, die Welt in neuem Licht zu sehen.

Nur mit IHM gemeinsam, sollst du den Weg des Herzens gehen.

Sieh die Farben des himmlischen Malers, er malt den Himmel für dich.

Sieh die Liebe in den Augen eines Anderen, die ausdrückt, wie sehr liebe ich dich.

Alle Farben des himmlischen Malers, in deinen Augen spiegeln sie sich.

An der Heilquelle mit der Schwingung:

‚Dimensionslicht'

Gleich neben einem Schloss, das auch schon bessere Tage gesehen hat, entspringt die Quelle mit der Schwingung von hohem Dimensionslicht. Eingebettet in Wald und relativer Einsamkeit, findet der Besucher eine Energie vor, die beim erstem Eintauchen nicht vermuten lassen würde, welche hohe Schwingung diesem Platz zu eigen ist. Denn direkt an der Quelle ist es nicht möglich, länger als zur Entnahme des Wassers zu verweilen. Mückenschwärme verhindern ein „Sich-fallen-lassen", und man ist aufgefordert das sumpfige Gebiet um die Quelle schnellstens zu verlassen, will man frei von Insektenstichen den Heimweg antreten. Vorsichtig stieg ich die wenigen noch vorhandenen, äußerst rutschigen Stufen hinunter zur Quelle, um das Wasser mit einem Dankgebet zu entnehmen. Danach eilte ich, so schnell es mir möglich war, zur Straße zurück. Da ich von Artinus sicher nicht an diesen Platz geführt wurde, um so schnell wieder die Flucht zu ergreifen, richtete ich meine Aufmerksamkeit auf die Umgebung und gewahrte einen Baum mit stark manifestierter Bewusstseinskraft. Ich ging zu ihm hin. Die Quelle in Sichtweite, lehnte ich mich mit dem Rücken an den Baum und bat ihn um die Erlaubnis, in seine Energie eintreten zu dürfen.

Meine Wirbelsäule entlang fand ein gewisser Aufwärtsstrom statt, der mich für die kosmischen Einströmungen offen machte. Als ich loszulassen begann, irgendetwas sehen zu wollen, tauchte in meinem Bewusstsein eine Kraft auf, die mich aufwärts zog. In meiner Wahrnehmung lösten sich meine Füße förmlich vom Boden und ich begann stetig aufwärtszusteigen. Zunächst langsam und dann zunehmend schneller. Ich befand mich mit meinem Bewusstsein oberhalb des Ortes und ich gewahrte die Stelle rund um die Quelle mit ihrer gewaltigen Ausstrahlung. Stille und Ehrfurcht lagen vor meinem Auge. Die Energien an diesem Ort waren klar, und keine Spur mehr von lästigen Insekten. Ich entschloss mich, es einfach geschehen zu lassen, mich tiefer zu entspannen und dabei innerlich aufmerksam zu lauschen. Wellen von Gedanken breiteten sich in mir aus: ich ließ sie ziehen. In diesem Wechselspiel zwischen Ruhe und Erwartung, Denken und innerer Stille, gelang es mir mit einem Mal in einen Zustand der Offenheit zu gelangen, der notwendig war, um diesen Ort erfahren zu können. Rings um die Quelle sah ich nun feinstoffliches Licht aufsteigen. Es beschrieb dabei elliptische Kreisbahnen und veränderte seine Farbe von weiß zu weiß-golden. Plötzlich bildete sich eine nach oben geöffnete Trichterform. Der Raum darüber öffnete sich weit, dem Kosmos entgegen. Die Klarheit dieser Empfindung durchflutete mich, und Unendlichkeit schien sich in mir breitzumachen. Mitten darin zeigten sich mir Lichter mit nie gekannten Farbtönen von Reinheit. Ergriffen fühlte ich ein spürbares Verlangen nach Eins sein und merkte nicht, dass Tränen ungehindert über meine Wangen flossen. Mir wurde in diesem Moment mehr als jemals zuvor bewusst, dass ich meinem Engelauftrag nachkommen musste. Dies war es, das mich schließlich in dieses Leben geführt hatte. Erst im späten Lebensalter hatte ich erfahren, dass es noch etwas anderes, Wichtigeres gab als das Tagesgeschehen mit seinen Problemen und Illusionen. Spät ja, doch nicht zu spät, habe ich mich meiner spirituellen Verpflichtung gestellt, und nun bin ich bereit alles dafür zu tun, damit ich meinen Teil dazu beitrage, dass der

Dimensionsaufstieg von Mensch und Schöpfung in Harmonie vor sich gehen kann.

Das Licht strahlte hoch in die Atmosphäre und hüllte auch den ganzen Ort darunter ein.

Hoch streckte ich meine Hände dem Himmel entgegen. Die Flasche mit dem abgefüllten Quellwasser hielt ich dabei fest in der Hand und bat darum, diese Lichtqualität in sie einfließen zu lassen. Ich spürte das Licht in mich einströmen. Wie warmer Sommerregen begann es von meinem Kronenchakra abwärts durch alle meine Chakren zu fließen. In meinen Fingern vibrierte eine Göttliche Kraft, die sich ihren Weg durch meinen Körper bis hinab in Mutter Erde bahnte.

Nach einiger Zeit löste sich das Licht zugunsten eines kostbaren Friedens auf, der sich in meinem Inneren ausbreitete. Ich bedankte mich beim Göttlichen Licht, bei der Kraft des Baumes, der mir geholfen hatte, mit diesem Licht in Kontakt zu kommen und bei Artinus, der mich an diesen besonderen Ort geführt hatte. Sie alle haben meinen Weg der Bewusstwerdung unterstützt und mir geholfen, die Erinnerung an meine verborgene Kraft in meinem Innern wachzurufen, derer ich mir nicht immer bewusst bin.

Kraftgebet für Heilquellen-Kristalle:

‚Dimensionslicht'

Du, unser aller Vater im Himmel, öffnest unsere Herzen weit.

Du bist die Liebe, die Harmonie, bist die Sehnsucht der Menschen in Raum und Zeit.

Ohne Ansehen der Person, wirkst du in allen Seelen.

Dein Licht es geht voran, unser aller Dunkel zu erhellen.

Du erwartest niemals Dank, legst die Liebe in jedes Herz.

Es liegt an uns Menschen allein, was wir lernen aus dem Schmerz.

Was auch immer geschieht, es hat seinen Sinn.

Wir sind geboren, um zu lieben, nur das führt uns zu dir hin.

Deine Liebe kennt keine Schranken, du mein Himmel, mein Licht.

Ich will mich immerzu bedanken, dein Sein aus allem spricht.

Du, unser aller Vater im Himmel, öffnest unsere Herzen weit.

Du bist die Liebe, die Harmonie, bist die Sehnsucht der Menschen in Raum und Zeit.

An der Heilquelle mit der Schwingung:

‚Verbindung mit dem Kosmos'

Beim Aufsuchen dieser Quelle wurde mir meine enge Verbindung zum Engelreich in ganz besonderer Weise aufgezeigt. In der Wegbeschreibung wurde deutlich darauf hingewiesen, wo man das Auto abzustellen hatte, um von da aus den steilen Aufstieg in Angriff zu nehmen. Es war ein zügiger Fußmarsch von gut dreißig Minuten angegeben, was bei meiner Kondition und bei meinen „Luftschwierigkeiten" bedeutete, dass ich gut das Doppelte an Zeit benötigen würde, um diese besondere Heilquelle zu erreichen. Da wir bei der Hinfahrt bereits die Abbiegung zum Ort übersehen hatten, fassten wir den Entschluss, bei der Rückfahrt diese Quelle aufzusuchen.

Bei der Heimfahrt war es bereits später Nachmittag und die Aussicht auf den beschwerlichen Aufstieg in unbekanntes Gelände machte mir zu schaffen. Trotz größter Aufmerksamkeit entdeckten wir die Stelle nicht, wo man das Auto abstellen sollte. Wir fuhren etliche Kilometer die Bergstraße durch schattigen Hochwald hoch, immer auf der Suche nach geeigneten

Hinweisschildern, die es doch laut Beschreibung in großer Anzahl geben sollte. Nach einigen Kilometern endlich ein Fußgänger-Wegweiser, und darauf stand die Quelle, die wir so verzweifelt suchten, und von der ich die größten Bedenken hatte, sie noch an diesem Tag zu erreichen. Wir rechneten bereits damit, die Fahrt neuerlich auf uns nehmen zu müssen, da bei einer Wanderung von einer Stunde sicherlich die Dämmerung uns einen Strich durch die Rechnung machen würde. Um nicht noch mehr „Umwege" in Kauf nehmen zu müssen, bogen wir mit dem Auto in den für Fußgänger ausgewiesenen Wanderweg ein, der uns nun wieder Kilometer weit talwärts führte. Als wir schon dachten, der Weg würde kein Ende nehmen, sahen wir, als wir um die Kurve bogen, den gesegneten Platz vor uns. Gar lieblich klang das Plätschern der Quelle und bei der kleinen Statue brannten Öllichter, die einen schön gemalten Engel in Licht tauchten. Meine Freude, zur heiligen Quelle auf so „beschwerdefreie" Art und Weise geführt worden zu sein, war unbeschreiblich groß. Mit großer Dankbarkeit entnahm ich das Wasser und stillte meinen Durst. Danach setzte ich mich zum Brunnen und nahm Verbindung zum Engel dieses Ortes auf. Ich verband mich stark und fühlbar mit der Erdenmutter und öffnete mich für die Energien von Artinus. Danach bat ich den Engel um seine Botschaft:.

An diesem Ort bist du in der Schwingung deiner Schutzengel. Sie entzünden die Flamme deiner Kraft für die Erkenntnis, dass du als Mensch nicht alleine in diesem Universum bist. Auch von anderen Ebenen stammende Wesen sind unter euch, und andere möchten mit euch Kontakt aufnehmen. Es sind friedliche Wesen, die an eurem Aufstieg teilhaben wollen, denn er ist ein einmaliges Geschehen, das so zuvor noch nie stattgefunden hat. Die Engel zeigen dir auf vielfältige Weise in nächster Zeit, wohin dein Weg dich führen wird. Dem Wasser dieser Quelle ist die Schwingung gegeben, dich auf den Klang des Universums einstimmen. Es stärkt deine Bereitschaft zu hören: Nicht auf die laute Welt und nicht auf die Illusion, die alles überdeckt, was für die Weiterentwicklung der Seele so wichtig wäre, sondern darauf, den Klang jener Göttlichkeit zu hören, die alles beinhaltet, was ist. Dem Klang, der Freiheit für dein Leben bedeutet, dem Klang, der Freude deine Tage durchziehen lässt, und dem Klang, der für dich persönlich Glück bedeutet. Darin ist alles enthalten, was du an Wünschen hast, was dir an Erkenntnissen zugeführt wird und von deiner Herkunft, die mit dem Licht des Kosmos auf das engste verbunden ist. Gleiche deinen Glauben, dein Vertrauen und deine Dankbarkeit der Größe deiner Seele an. Sei offen und bereit, die Engel in deinem Leben willkommen zu heißen und wisse, dass viele Wesen aus fernen Galaxien ebenfalls willkommen geheißen werden wollen. Fürchte dich nicht. Du bist mit ihnen verbunden durch die Gnade deines Seins.

Ich bedankte mich von ganzem Herzen für die Führung der Engel, die mir auf die einfachste Weise den Zugang zu diesem gesegneten Ort ermöglicht hatten und bei Artinus, der dieser Quelle noch seine segnende Schwingung gegeben hatte. Noch ehe die Dämmerung einbrach, konnten wir die Heimfahrt antreten. Danke, für Göttliche Führung!

Kraftgebet für Heilquellen-Kristalle:

‚Verbindung mit dem Kosmos'

Wir sind die Kinder der Sterne und erfüllen unseren Plan.

Wir bringen Liebe in die Welt, zünden Lichter in Herzen an.

Wir sind die Kinder der Sterne, unsere Träume leben wir.

Wir wollen die Welt zum Guten verändern, denn dazu sind wir hier.

Im ewigen Kreislauf des Lebens erfüllen wir unsere Pflicht.

Wir sind aus den Sternen geboren, die Liebe aus uns spricht.

Wir bringen der Welt die Freude, in einer Zeit, wo viel Angst regiert.

Würden Menschen doch endlich erkennen, wohin blinder Hass sie führt.

Frieden kommt von innen her, jeder soll bei sich selber beginnen.

Das Glück wird erst Einzug halten, wenn Herzen in der Liebe schwingen.

Schaut Gott auf die Erde herab, sieht er durch uns sein Licht erstrahlen.

Und immer mehr Kinder des Lichts werden aus den Sternen fallen.

Wir sind die Kinder des Lichts, die in den Dienst der Welt sich stellen.

Wir sind die Jugend der Neuen Zeit, für die neue Werte zählen.

An der Heilquelle mit der Schwingung:

‚Lichtwesen der Neuen Zeit'

Artinus führte mich an einem strahlend schönen Tag zu diesen Ort mit der besonderen Schwingung. Ruhe war hier gegenwärtig. Das Zwitschern der Vögel war der einzige Laut, der zu hören war. Weit und breit keine anderen Menschen. Ich war allein an diesem gesegneten Flecken Erde, obwohl sich etliche Häuser in der Umgebung befanden. Es war verständlich, dass dieser Platz von Menschen gerne aufgesucht wurde, wohl auch, weil fleißige Hände stets für die Verschönerung dieses Ortes sorgten. Bunt blühende Blumen in einfachen Holzkästchen schmückten den Brunnen, der für jedermann leicht zugänglich war.

Die Flaschen waren im Nu voll, und das Wasser schmeckte vorzüglich. Nachdem ich unter Dankesbezeugungen und einem innigen Gebet Wasser abgefüllt hatte, ließ ich mich in einiger Entfernung auf einem Platz nieder, der, wie mir Artinus versicherte, einer der Neuen Kraftplätze war. Ich bekam auf unseren Wanderungen einige solcher Neuen Plätze gezeigt, und kann bestätigen, dass die Energie an diesen Orten dazu beitrug, mich schnell wieder zu regenerieren. Meine Müdigkeit war stets nach kurzer Zeit verflogen.

Auch diese Stelle bewirkte innere Ruhe und der glatte Fels inmitten des Grüns war eine bequeme Rückenlehne für die Meditation, in die ich mich versenkte. Bald stieg ein Gefühl von Wiedersehensfreude in mir auf. Ich spürte eine übergeordnete Weisheit, die sich um mich herum auszubreiten begann. Ein Gefühl von Freude, Einheit und Ganzheit durchzog mich. Ich erdete mich, nahm die Flasche mit dem Quellwasser in die Hand und begann mich in die Energie dieses Ortes einzuschwingen. Bald tauchte ein weiches Licht vor meinem dritten Auge auf. Es besaß einen kristallinen blauen Schimmer und in ihm vibrierten feine helle Blitze. Nach kurzer Zeit wurde das Licht strahlender, kleine Lichtfunken wirkten wie Sterne am Nachthimmel. Das Licht breitete sich vor mir aus und schien von einer unerschöpflichen himmlischen Quelle gespeist zu sein. Ich fühlte ein Kribbeln an meinem Kronenchakra und lenkte sofort meine Aufmerksamkeit dorthin. Und so wie sich eine Blüte dem Sonnenlicht öffnet, so schien sich mein Kronenchakra nun den

Energie-Lichtströmen des gesegneten Ortes zu öffnen. Diese Lichtströme, die von oben auf mich herabströmten, schienen aus einer Öffnung zu kommen, deren Zentrum außerhalb jeder Vorstellungskraft lag. Der Lichtstrom führte einen Strahl trichterartig verkleinernd zum göttlichen Kern meines Herzens herab, um dort eine strahlende Kugel zu bilden. Meine Brust schien gehalten zu werden von einer Kraft, die dort ein neues Zentrum bildete. Diese Kraft schickte weißes, nährendes, segensreiches Licht in die innere Umgebung meines Herzens. Meine Wahrnehmung konzentrierte sich auf die trichterförmige Kraft, einer hängenden Blüte ähnlich, deren Licht meine Brust erfüllte. Das Bewusstsein dessen, was ich erleben durfte, ließ meine Empfindungen endlos weit in eine Schwerelosigkeit ausdehnen, in die ich mich immer tiefer fallen ließ. Dabei sah ich mich nun selbst inmitten des inneren Lichts. Die Göttliche Kraft erfüllte meinen Körper, zog zitternd durch meine Hand bis zu den Fingern, die das Gefäß mit dem Quellwasser hielten und leuchtete aus ihm heraus. Ich spürte die Kraft, die Körper, Geist und Seele in Balance brachte und es durchzog mich tiefe Dankbarkeit. In Ehrfurcht blieb ich noch einige Zeit, ehe ich nach einem Dankgebet diesen gesegneten Ort verließ.

Kraftgebet für Heilquellen-Kristalle:

‚Lichtwesen der Neuen Zeit'

Wer einmal nur die Sterne berührt, findet sich im Himmel wieder.

Wer einmal dieses Gefühl gespürt, sucht es immer wieder.

Dieses Gefühl, es öffnet Herzen, bringt ein Lächeln ins Gesicht.

Nur die Liebe vollbringt dieses Wunder, du bist ein Engel im Licht.

Ich sah einen goldenen Engel, er ging in mein Herz hinein.

Er hat mich die Liebe gelehrt, lässt mich unendlich glücklich sein.

Ich sah einen goldenen Engel, er ging in mein Herz hinein.

Ein Engel mit deinem Gesicht, das von Liebe und Zärtlichkeit spricht.

Ich kann wieder Freude empfinden, frei aus dem Herzen leben.

Dafür will ich ewiglich, dir meine ganze Liebe geben.

Ich hab mich für meinen Engel entschieden, die Zeit der Kämpfe, sie ist vorbei.

Erfüllt von einem tiefen Frieden, ist meine Seele endlich frei.

An der Heilquelle mit der Schwingung:

‚Aufstieg'

Der Weg zu dieser Quelle war mühsam. Kurz zuvor noch hatten den Bach entlang, durch Unwetter, Murenabgänge stattgefunden, die das ganze Gebiet stark in Mitleidenschaft gezogen hatten. Riesige Gesteinsbrocken lagen im Weg und erschwerten jeden Schritt. Das Bachbett zeugte von der Kraft des Wassers, das sich mit unbeschreiblicher Wucht erst kurze Zeit zuvor seinen Weg ins Tal gebahnt hatte. Es war heiß, von ferne hörten wir die Glocken zur Mittagszeit läuten, doch das Wasser, das neben und im Bachbett nun friedlich plätscherte, schenkte uns angenehme Kühle. Nach einer knappen halben Stunde waren wir an dem Ort, an dem das Wasser aus der Quelle relativ spärlich floss. Die riesigen Wurzeln alter Fichten umrahmten den Austritt des Wassers und eine alte Holzbank lud zum Ausrasten ein. Mit Dankbarkeit entnahm ich das Wasser und setzte mich auf die Bank, um mich mit dem Umfeld meditativ zu verbinden. Nachdem ich mich geerdet und für die Kommunikation mit der geistigen Welt geöffnet hatte, fühlte ich schon bald die mächtige Präsenz von Artinus.

An diesem Ort kannst du die Schwingung der Erdenmutter ganz besonders spüren. Sie hat diese Gegend hier gereinigt, damit Aufbruch stattfinden kann, so wie es im Plan des Schöpfers vorgesehen ist. Hier wird dir vor Augen geführt, wie machtvoll Reinigung vonstattengehen kann. Welche Schäden materieller Art der Kraft des Wassers inne ist, und wie veränderbar dadurch die Umgebung von einem Tag zum anderen sein kann. Wo Stunden zuvor noch Menschen den Weg frei von Behinderung gehen konnten, ist es nun nicht mehr möglich. Was soll dir das zeigen? Erkennst du, dass Katastrophen, wie auch das Leben selbst, immer zwei Seiten haben, mit der man sie betrachten kann? Auf der einen Seite können die Verwüstungen nur mit großem finanziellen und körperlichen Einsatz in den Griff zu bekommen sein, und auf der anderen Seite wird dir aufgezeigt, dass Reinigung geschehen muss, damit Neues aus dem Alten entstehen kann. Wasser reinigt, klärt und bringt Neues hervor. Es hat das Alte, indem die Schwingung der dritten und vierten Dimension gespeichert waren, hinweggespült, damit der Quelle die Schwingung des Aufstiegs zugeführt werden konnte.

Fühle dich nun ein in das Wasser dieser Quelle, fühle die Schwingung des Aufbruchs, das die Zeichen der Veränderung trägt. Klarheit – Reinheit – Aufbruch – Annehmen. So ist es!

Ich war Artinus sehr dankbar, dass er mich an diesen Ort geführt hatte. Ganz besonders, als wir zusätzlich zum Wasserfall geführt wurden, dessen klares Wasser uns zu einem erfrischenden Fußbad einlud.

Kraftgebet für Heilquellen-Kristalle:

‚Aufstieg'

Hört auf das Lied des Adlers, der von der Weisheit singt.

Hört auf das Seufzen der Erde, die um ihr Überleben ringt.

In jedem Land auf Erden, gibt es einen Regenwald,

er muss von euch bewahrt werden, denn ohne ihn da wird es kalt.

Gott schuf alles mit Liebe, er gab seiner Schöpfung Raum.

Habt mehr Achtung vor dem Leben, Ehrfurcht vor jedem Baum.

Ein Gebet vermag so viel, spricht zum Schöpfer allen Lebens.

Seid ihr eins mit der Natur, war euer Bitten nicht vergebens.

Jeder kann so viel beitragen für eine schönere Welt,

schützt besser eure Natur, sie ist der Ort, wo Frieden noch zählt.

Schützt doch euren Regenwald, ihr braucht ihn noch so sehr.

Schützt doch euren Regenwald, die reine Luft, das Meer.

Schützt doch euren Regenwald, er bewahrt euch vor ewiger Nacht.

Er ist ein Geschenk des Einen, der über euch wacht.

An der Heilquelle mit der Schwingung:

‚Toröffnung'

Zu dieser Quelle führte Artinus mich auf verschlungenen Pfaden. Obwohl sehr nahe, wusste ich bis zu diesem Zeitpunkt nicht, dass sich hier eine Quelle befand, der große Heilkraft nachgesagt wurde. So ist es oft im Leben. Ganz in der Nähe pulsierte das Leben mit all seiner Hektik, mit Lärm und Gestank. Und kaum taucht man nach einigen Minuten in den Wald, ist es, als ob das Leben mit seinen Schwierigkeiten und Problemen nie bestanden hätte.

Ich war sehr überrascht, als nach kurzer Zeit ein Einhorn in meinem Bewusstsein auftauchte. Es blieb bei mir, auch als ich die Quelle gefunden und meine Flaschen abgefüllt hatte.

Welch ein Frieden! Welch eine Schwingung! Ich wurde zum Zuschauer, als ein Licht aus meinem Körper austrat und zum Einhorn floss, sich dort mit dem Strahl seines Lichtes verband, um dem Lauf der Quelle folgend, in das Innere des Felsens einzutauchen. Eine Leichtigkeit durchströmte mich, die in allen Zellen spürbar war. Ich fühlte mich schweben, nichts existierte mehr außer der Tatsache, mit diesem besonderen Licht verbunden zu sein. Ein strahlender Glanz erhellte den Ort. Dahinter erblickte ich eine feinstoffliche, weiße runde Öffnung, die direkt zum Himmel wies. Aus der Öffnung sprudelte Lebensenergie in weiß-silbrigem Licht auf mich herab und als lichter Nebel benetzte es das Wasser, das die Quelle speiste. Die weichen Ströme der Energie weiteten mein Licht, das sich immer fester mit dem strahlenden Lichtstrom aus dem Horn des Einhorns verband. Die lebensfördernde Kraft ließ mich erahnen, was mit dem Begriff „Jungbrunnen" gemeint sein kann. Die Kraft dieses Ortes konnte mit nichts verglichen werden, was ich kannte. Sie bildete eine feinstoffliche Brücke zu geistigen Existenzbereichen, die nur über eine solche Meditationserfahrung wahrgenommen werden kann. Sie lag weitab des gewohnten, irdisch gebundenen Wahrnehmungsverständnisses und führte mich durch die Gnade in einen Zustand des Erkennens, der sich in meinem Herzen langsam breit zu machen begann. Von meinem Licht bildeten sich kleine Kugeln, Perlen gleich, die einen senkrechten aufsteigenden Verlauf nahmen und ihren Weg in scheinbar unergründliche Höhe fortsetzten. Ehe ich mich versah, fand ich mich wieder vor der Quelle kniend. In meinen Händen hielt ich die Flasche mit dem heiligen Wasser, aus dem ich einen tiefen Schluck nahm. Artinus brachte die Schwingung Toröffnung in die Flaschen ein.

Noch ganz dem Geschehen in der Meditation verhaftet, dankte ich ihm und meinem Einhorn für diese einmalige Erfahrung.

Kraftgebet für Heilquellen-Kristalle:

‚Toröffnung‘

Das Licht aus der Ewigkeit strahlt in dich hinein.

Es bringt dir die Liebe, wird von Zweifeln dich befreien.

Das Licht aus der Ewigkeit, es berührt mit schweigendem Segen

dein Herz und öffnet es weit, für ein neues Leben.

Dieses Licht will Wurzeln schlagen, in einer besseren Welt.

Wo alle Herzen sich berühren, das Glück als Stern vom Himmel fällt.

In diesem Licht sollst du leben, voll Freude und Zärtlichkeit.

Denn wo immer Frieden ist und Liebe, beginnt erst die Wirklichkeit.

Wo selbst Worte schweigen und Gedanken stören

können wunde Seelen heilen.

Nur mit den Wurzeln im ewigen Sein, bist du endlich daheim, bist du nie mehr allein.

An der Heilquelle mit der Schwingung :

‚Elfentanz'

Voller Freude nahmen mein Mann und ich die Fahrt auf uns, die uns zu dieser Quelle führen sollte. Ich hatte mir abgewöhnt, die Botschaften der geistigen Welt zu hinterfragen, denn sie hatten immer einen Sinn. Ob ich diesen nun auf Anhieb verstand oder erst einige Zeit später. Als mir dieser Ort ins Bewusstsein gebracht wurde, machten wir uns also auf die Reise. Ich hatte schon von diesem wunderbaren Platz gehört, ihn jedoch noch nie zuvor besucht, wohl auch, weil er abseits von meinem Lebensbereich lag.

Doch als ich von Artinus aufgefordert wurde, von dieser Quelle Wasser zu entnehmen, gab es für uns beide kein Halten mehr. Nach mehrstündiger Fahrt stellten wir das Auto am Parkplatz ab, schulterten den Rucksack und machten uns auf den Anstieg, der nicht sehr steil war. Göttliche Ruhe umgab uns, als wir die ersten Schritte in den schattigen Wald machten. Nur ein schmaler Weg, gesäumt von dicken Wurzelsträngen, führte zur Grotte neben der Quelle, die Ruhe und Labsal versprach.

Ergriffen von der Energie, die mich umfing, kniete ich nieder und bat die Mutter um Erlaubnis, aus dieser Quelle Wasser entnehmen zu dürfen. Artinus` Energie war ebenfalls spürbar und ich wusste, er würde dem Wasser jene Schwingung erteilen, für die diese Heilquelle aus dem Geistigen bestimmt war. Ich füllte das Wasser ab und behielt es in meinen Händen, während ich mich mit Schreibblock und Kugelschreiber vor die Statue der Muttergottes setzte.

Ehe ich zu schreiben begann, wurde mir eine Vision zuteil, die diesen Ort für viele so einzigartig machte. Ich durfte Naturwesen ohne Zahl schauen, die den Platz ringsum bevölkerten. Zwischen Efeu, der an der gemauerten Wand wuchs, eilten Elfen geschäftig hin und her, schauten unbekannte fingergroße Lichtwesen nach dem rechten, und es hielten sich Feen in großer Zahl in der Grotte auf, um der Statue ihre Ehrerbietung darzubringen. Wundervolle, zarte Stimmen sangen der Mutter zu Ehren ein Lied und ich sah wie aus Artinus` Händen Licht in meine Flaschen floss.

Diese Schwingung soll Kindern helfen, ihre Ängste abzubauen, sagte er. Und er zeigte mir Kinder, die bereit waren ihrem Seelenauftrag nachzukommen. Welch ein Strahlen ging von diesen Kindern aus. Ihr Licht war stark und ich wusste, sie waren die Hilfe des Himmels für die Erwachsenen, die vergessen hatten, wie schön und leichtfüßig das Leben sein konnte, wenn man es nur mit den Augen eines Kindes betrachten würde. Die Kinder der Neuen Zeit möchten uns so gerne die Leichtigkeit aufzeigen, die den Elfen und Feen zu eigen ist, und die wir nicht bereit sind, in unseren Lebensraum einzubringen. Ja, so müssten Kinder aufwachsen. Frei von Angst und Bevormundung. Das ist es, weshalb ich an diesen Ort , zu dieser Quelle geführt wurde. Damit wir lernen, das Licht unserer Kinder zu stärken, anstatt es zu schwächen, wie das mit den starren Regeln des Lernens und Erziehens geschieht. Die Gottesmutter sagte:

Öffne dein Herz für das Neue Leben, für die Kinder, die dir das Neue Licht aufzeigen. Öffne deine Ohren für meine Stimme, die schon immer zu dir gesprochen hat. Du hast nicht immer zugehört, doch ich habe nicht aufgehört zu dir zu sprechen, an dich zu glauben. Ich vertraue dir und ich weiß, dass du glücklich darüber bist, unter meinem Schutz zu stehen. In meinem Licht zu leuchten, von meinem Herzen geführt zu werden. Ich glaube, vertraue und liebe dich. Kind, empfindest du dasselbe für mich?

Mit großer Ehrfurcht antwortete ich und drückte meinen Dank aus. Die Energie, in der ich die letzte Stunde verbringen durfte, begleitete mich noch einige Tage, und sie veränderte mein Denken über die heutige Jugend enorm.

Kraftgebet für Heilquellen-Kristalle:

‚Elfentanz'

Erkennt die Zeichen der Zeit, es ist etwas Neues erblüht.

Ihr seid der Gewalt so müde geworden, wollt Liebe entzünden, wo Hass regiert.

Die Kälte dieser Welt wollt ihr nicht mehr spüren.

Zur Sanftheit des Herzens will Maria euch führen.

Von der Natur solltet ihr lernen, mit allem behutsamer umzugehen,

damit ihr im Licht von Tausenden Sternen, die Schönheit der Schöpfung könnt sehen.

Ihr solltet die ganze Welt umarmen, in allen Menschen Brüder sehen.

Liebe wird die Welt umspannen, wenn ihr mit den Herzen werdet sehen.

Ihr solltet die ganze Welt umarmen, eine Brücke der Liebe sein.

Wenn sich dieser Traum für euch erfüllt, werdet ihr unsagbar glücklich sein.

An der Heilquelle mit der Schwingung:

‚Tiere'

Nach längerer Fahrt erreichten wir endlich die Quelle, die nur mehr wenigen Einheimischen bekannt war. Weshalb wir unsere Fahrt einige Male unterbrechen mussten, um nach dem Weg zu fragen. Nachdem man uns zweimal in die Gegenrichtung geschickt hatte, trafen wir endlich auf einen alten Mann, der Bescheid wusste. Die schmale Schotterstrasse, in die wir einbiegen mussten, war wirklich leicht zu übersehen, wenn man nicht extra darauf aufmerksam gemacht wurde. Danach ging es wieder bergwärts, und wir fühlten uns inzwischen schon heimisch zwischen den hohen Fichten und der wohltuenden Stille, die diese Waldfahrten uns bereiteten. Auch das kleine Hinweisschild zur Quelle sahen wir rechtzeitig. Wir stellten das Auto an einem geeigneten Platz ab und gingen zu Fuß die kurze Strecke wieder abwärts. Ein weicher, relativ breiter Waldweg lud zum gemütlichen Spaziergang ein. Wir genossen jede Minute dieses herrlichen Aufenthalts. Gar bald hörten wir Wasser plätschern, das in einem gemauerten Becken aufgefangen wurde. Bei der Quelle handelte es sich um einen eisenhaltigen Trinksäuerling, weshalb sich auch die Umgebung von den Eisenablagerungen rot gefärbt präsentierte. Ein gepflegter Ort, an dem man sich gerne auf die Bank setzte, um sich mit den Energien zu verbinden. Ich füllte mit einem Dankgebet das Wasser ab, das ich natürlich sofort kostete. Es schmeckte wirklich säuerlich und eigenartig metallisch. Ich musste damit nicht unbedingt meinen ganzen Durst stillen.

Dieses Wasser hilft den Tieren bei Hautproblemen, doch das sollte nicht alles sein, was wir für sie tun möchten, sagte Artinus. *Ich werde dieses Wasser mit der Schwingung segnen, die auch den Aufstieg der Tiere unterstützt. Denn die Tiere sind genauso in den Kreis ewigen Seins eingebunden, wie das der Mensch ist. Auch sie sammeln von Leben zu Leben ihre Erfahrungen und werden mit den Menschen den Dimensionswechsel vollziehen. Dabei haben sie genauso Schwierigkeiten die lichtvolleren Frequenzen aufzunehmen, wie diese. Das macht sie oftmals aggressiv oder ängstlich ihren Besitzern, wie auch anderen Tieren gegenüber. Außerdem haben die Tiere ein wesentlich feineres Empfinden Energien aller Art gegenüber, und sie*

„sehen“ mehr als Menschen. Da auf eurer Ebene auch viele Energien aus den feinstofflichen Bereichen gegenwärtig sind, die von den Tieren sehr oft wahrgenommen werden, darf es nicht verwundern, wenn Tiere oftmals ihr Fell sträuben - in das scheinbare Nichts bellen oder die Flucht ergreifen. Sie mögen keine Energien, die eine dunkle, negative Ausstrahlung haben. Diese Schwingung soll ihnen helfen, in Harmonie mit ihrem Umfeld zu sein und Ängste abzubauen.

Ich war sehr glücklich darüber, dass Artinus auch an die Tiere gedacht hatte, denn wir konnten an unserem kleinen Hund die Wahrheit seiner Worte nachvollziehen. Auch bei ihm passierte es, dass er, scheinbar grundlos, das Fell sträubte und zu knurren begann. Wenn wir auch nicht die „Gestalten“ sehen konnten, die der kleine Dackel sah, so fühlten wir doch, dass eine Energie in unseren Lebensraum eindringen wollte, die nicht willkommen war. Der Hund war ein idealer Maßstab für uns dies zu erkennen, worauf wir stets eine Räucherung aller Räume vornahmen.

Kraftgebet für die Heilquellen-Kristalle: ‚Tiere‘

Die Sehnsucht nach Liebe und Licht in immer mehr Menschen erwacht.

Sie wollen ein Leuchtfeuer sein im Dunkel der Nacht.

Öffnet euer Herz für die Natur, in ihr findet ihr Freiheit und Wissen.

Ihren Frieden lässt sie sanft in die Seelen der Menschen fließen.

Schon ein kleiner Funke vermag so viel Hoffnung in die Welt zu tragen.

Verschmilzt er mit dem großen Licht, geht zu Ende die Zeit der Klagen.

Das Leben, durch das ihr geht, es ist erst schön, wenn ihr liebt.

Das Licht, das ihr seid, ist eine Erkenntnis, für die es keine Worte gibt.

Sprecht ein Gebet für den Frieden, um eure Heimat zu retten.

Ein Gebet um mehr Licht, für diesen blauen Planeten.

Ein Gebet um mehr Liebe, die eure Welt befreit.

Zündet Lichter in Herzen an, die brennen in Ewigkeit.

An der Heilquelle mit der Schwingung:

‚Pflanzen'

Auch diese Quelle lag mitten im Wald, man konnte leicht an ihr vorbeigehen, wenn man nicht geführt wurde. Das Wasser tropfte nur mehr spärlich und das Kreuz, das früher diesen Ort kennzeichnete, war inzwischen entfernt worden. Hätte ich mich nicht auf Artinus` Führung eingestellt, ich hätte das kleine Fleckchen übersehen. Ich brauchte sehr lange, um meine Flaschen zu füllen, und es gelang auch nur, weil ich eine kleine Schöpfkelle mithatte. Auf der Suche nach einem Ort, um zu meditieren und mit der geistigen Welt Verbindung aufnehmen zu können, wurde ich zu einem Hügel geführt, der kreisförmig von Kastanienbäumen umgeben war. Ich kletterte den Hügel hinauf und setzte mich dort auf den Boden. Langsam begann ich mich in diesen Ort einzufühlen, meine Wurzeln mit Mutter Erde zu verbinden und mich auf die Energie einzustimmen, die dort mit mir Kontakt aufnehmen würde. Es dauerte nur kurze Zeit und in meinen Gedanken tauchte eine Stimme auf, die sich als hier ansässiger Pflanzenelf outete.

Wenn du die Natur und dich nur mit den Augen und nicht mit deinem Herzen betrachtest, siehst du alles getrennt und außerhalb von dir selbst. Wenn du ins das Fühlen gehst, wirst du alles in Übereinstimmung mit deiner Seele annehmen können. Was Pflanzen dir zu sagen haben, wird tief in deinem Herzen etwas erwecken. Ihre Botschaft kann dich an die Wahrheit erinnern, aus der du gekommen und in der du lange Zeit in Frieden gelebt hast. Das war, noch bevor du in vielen Leben dich immer mehr der Illusion hingegeben hast, dass das, was du siehst, die Wahrheit ist. Du sollst zurückkehren in das Empfinden, dass die Natur dein Verbündeter und nicht dein Gegner ist, der bedenkenlos ausgebeutet und verunstaltet werden kann. Du bist Artinus' Botschafterin! Verbreite die Tatsache, dass alles eine Einheit ist. Achtet eure Erde als lebendes Wesen. Sie ist die Mutter aller auf dem Planeten existierenden Lebensformen und ruft dazu auf, das Leben, das in allem ist, zu ehren und nicht gedankenlos zu zerstören. Denn es ist eure eigene Lebensgrundlage, die ihr damit zerstört. Bedenke, alles ist heilig. Alles besitzt Leben. Nicht nur der Mensch und die Tiere, auch die Pflanzen, Bäume, Blumen. Viele

Menschen haben diese Erkenntnis vergessen und leben in der Illusion, dass sie Macht über die Natur hätten. Sie glauben, dass die Natur ihnen zu dienen habe. Dass sich diese Handlungsweise einmal gegen sie selbst richten kann, daran denken sie nicht. Ihre heilige Verpflichtung Mutter Erde gegenüber, erkennen sie auch nicht. Das Leben auf der Erde ist auf Harmonie gegründet. Wird das nicht respektiert, wird dadurch das Gleichgewicht des Planeten empfindlich gestört und als Folge davon werden die Energiequellen nach und nach versiegen. Macht euch das klar! Sage den Erwachsenen, sie sollen sich den lichten Energien der Kinder der Neuen Zeit anpassen. Sie bringen der Natur und ihrer Schöpfung den nötigen Respekt entgegen. Durch die Kinder wird eure Welt sich wandeln…

Die letzten Worte waren nur mehr ein Flüstern, doch umso eindringlicher gingen sie mir zu Herzen. Durch die Baumkronen strömte von allen Seiten Licht auf mich und auf das Wasser herab, das ich in Händen hielt. Ich wusste, es wurde in diesem Moment von Artinus mit der Schwingung gesegnet, die den Pflanzen helfen würden, ihre Aura zu stärken und ihr Wachstum anzuregen. Ich hinterlegte auch hier einen Edelstein als Dank und machte mich nachdenklich auf den Heimweg. Meine Sorge um den Erhalt unseres Planeten war nicht unbegründet, ich wusste das. Tief atmete ich die reine Luft des Waldes ein und bat Gott uns doch zu helfen, einsichtig zu werden, dass wir das, was unser Leben so bereichert, mehr schätzen und ehren würden. Hält man sich die Bilder vieler Kriegsgebiete vor Augen, die Steine, Staub und Zerstörung zeigen, wird einem erst bewusst, in welch gesegnetem Umfeld wir leben dürfen. Grüne Wälder, reines Quellwasser, blühende Wiesen und blumengeschmückte Häuser – wie reich und zufrieden müssten sich alle Menschen fühlen, die in so einem Umfeld leben dürfen…

Kraftgebet für Heilquellen-Kristalle:

‚Pflanzen'

Wenn die Blätter im Winde tanzen, und sich die Bäume darin wiegen.

Wenn weiße Wolken über den Himmel treiben, lass ich meine Liebe zu dir fliegen.

Seelen, die im Gleichklang schwingen, brauchen nicht den Lärm der Welt.

Die Natur hat nichts zu verbergen, sie schenkt dir den Frieden und nur dieser zählt.

Suche das Glück nie am anderen Ufer, sei zufrieden mit dem, was du hast.

Glück, dem du nachjagst ist Illusion, diese Hoffnung wird nur zur Last.

Lass das Lied deiner Seele erklingen, mach das Tor für Frieden weit auf.

Dort wo Bäume ihre Lieder singen, fangen Gottes Hände dich behutsam auf.

An der Heilquelle mit der Schwingung:

‚Heimgehen ins Licht'

Die Fahrt zu dieser Quelle führte mich ein Stück zurück zum Erkennen meines Ursprungs. Es war ein Weg, den jeder von uns schon oft gegangen ist und vermutlich immer wieder gehen wird, der zurück zur Urkraft unseres Seins führt. An diesem sonnigen Nachmittag wurde mir gestattet, mich einzufühlen in das Verständnis ewigen Kreislauf von Werden und Vergehen. Mich in diesem Gefühl zu verlieren ohne Wehmut und Trauer für all das, was gewesen und für das, was noch sein wird. Ein Einfühlen in das ewige Jetzt, indem Vergangenes und Zukünftiges sich im Gegenwärtigen zeigte. Ein strahlend blauer Himmel, das weite Grün unbebauter Felder und mittendrin, ohne besondere Ankündigung, der gesegnete Ort, wo das Wasser aus den Tiefen der Erde mit sprudelnden kleinen Bläschen an die Oberfläche gelangte.

Ich fühlte die Gegenwart von Artinus, aber auch die eines anderen Himmlischen Wesens, deren Präsenz mir Schauer über den Rücken jagte. Nie zuvor hatte ich diese

Energie gefühlt, nie zuvor wurde ich in eine Schwingung gezogen, die mich in ein Verständnis führte, das mir bis dahin fremd war. Ich wusste, in dieser Vision ging es um Werden und Vergehen. Um Abschied und willkommen heißen. Um jenes Thema, dem wir Menschen so gerne ausweichen, weil es für das menschliche Denken Vergehen bedeutet. Doch in diesem Moment erkannte ich die Wahrheit dahinter. Den Einklang meiner Seele mit ihrem vielfältigen Ausdruck. Dass mein Menschsein allein nicht das ist, was mich ausmacht. Es ist der Geist, der mich belebt, und es ist die Seele, die mich Leben für Leben führt und begleitet. Sie ermöglichen mir erst all die Erfahrungen, die Gefühle, die mich von anderen Arten der Schöpfung unterscheiden. Das Körperliche ist nur das Gefäß, damit Geist und Seele sich auf der Erde in der Form bewegen können, die sie sich vorgenommen haben. Welch ein Blick offenbarte sich mir. Im Spiegelbild des Wassers verschwamm mein körperlicher Ausdruck und mein lichtvolles Sein zeigte sich mir in seiner ganzen Kraft. Ich sah und fühlte mich eins mit den Strahlen der Sonne, die auf der Wasseroberfläche tanzten, mit der Natur, die so friedlich in ihrer Schönheit diesen Platz einrahmte. Die machtvolle Präsenz zog mich immer mehr in ihren Bann, ich wurde mitgenommen auf den Grund der Quelle, und ich floss in den Ursprung zurück. In den Frieden, der sich in mir auszubreiten begann, in die Wertschätzung, die ich für mich zu empfinden begann. Für das großartige Wesen, das ich bin; für die Kraft, die in mir ist und um die auszudrücken ich auf diese Welt gekommen bin; für die Erkenntnis, dass ich ewiges Sein bin. Die Worte der lichtvollen Präsenz drangen tief in mein Herz: *Der Kreislauf allen Seins zeigt sich hier. Dieses Wasser führt das Wissen ewigen Lebens mit sich. Erkenne die Großartigkeit des Schöpfers und Seiner Schöpfung an und wisse, dass Ewigkeit nur ein schwacher Ausdruck ist für das, was immerwährendes Sein bedeutet. Hier findest du Frieden und die Kraft, alles anzunehmen, was dein Leben ausmacht. Es ist nur eine weitere Haltestelle im Kreislauf deiner Seele. Du hast schon viele Stationen aufgesucht, bist wie das Wasser dieser Quelle, aus den Tiefen der Unendlichkeit aufgestiegen, um einen Zwischenstopp einzulegen, um zu erleben, was du möchtest, um dann wieder zurückzukehren zu deinem Ursprung. So ist es!*

Tief bewegt entnahm ich der Quelle das Wasser, hielt die Flasche dem Licht entgegen und bat Artinus, dem Wasser noch jene Schwingung zu geben, die den Menschen helfen würden leichter loszulassen vom Klammern an diese Welt, die für sie alles bedeute. Damit diese Schwingung für jene Menschen eine Stütze sei, deren Lebensplan sich dem Ende zuneigt, und deren Angst vor dem Übergang größer ist, als die Sehnsucht nach dem Licht. Ich fühlte die Energie in meinen Händen vibrieren und es dauerte Minuten, ehe ich das Gefühl hatte, dass das Wasser in der Flasche die Information aufgenommen hatte. Mit Wehmut verließ ich diesen gesegneten Ort, der mir half Frieden zu schließen mit meinem Sein und mit meinem Vergehen, das einmal doch nur das menschliche Kleid betreffen wird. Geist und Seele, die mein wahres Sein ausmachen, sind davon nicht betroffen, sie sprudeln unaufhörlich wie das Wasser der Quelle aus der Urkraft hervor. Leben für Leben. Sein für Sein.

Es war eine ganz besonders tiefe Dankbarkeit, die ich diesem Ort bezeugte.

Kraftgebet für die Heilquellen-Kristalle:

‚Heimgehen ins Licht'

Du bist schon vorausgegangen, in eine andere Welt,

wo aller Streit vergessen ist, wo nur die Liebe zählt.

Ich bin noch im Denken gefangen, dass du für immer gegangen bist.

Dabei müsste ich es doch spüren, wenn ein Engel mich küsst.

Liebe hat nichts mit Zeit zu tun, was so schön war, kann nicht vergehen.

Eine Liebe wie die unsere, wird im Herzen weiterleben.

Mein Leben muss ich neu gestalten, ich weiß, du schaust mir dabei zu.

Manches Mal spür ich eine Nähe und ich weiß, das bist du.

Flügel aus Licht, nur die Liebe gibt sie mir, damit kann ich Grenzen überschreiten.

Ein Stück Unendlichkeit verspüren, dich wieder ganz nah bei mir spüren.

Flügel aus Licht, lassen mich das Schöne sehen, auch wenn mir nur mehr die Erinnerung bleibt, wirst du doch immer an meiner Seite gehen.

Da ist so viel Trauer über einen verlorenen Traum, das Gefühl von Einsamkeit.

Doch am Ende aller Wege erklingt im Wind der Ewigkeit, woher ihr kommt, wohin ihr geht, wer ihr seid.

An der Heilquelle mit der Schwingung: ‚Magnetismus plus'

Dieses wundervolle Wasser hat zu Recht das Attribut „Heilwasser", weshalb es Teil einer Kuranlage ist, in der Menschen Heilung von verschiedenen Leiden suchen und finden. Das Wasser schmeckt kühler als es ist. An dem Ort, wo ich das Wasser abfüllte, fand ich nicht die nötige Ruhe, um Verbindung zum mächtigen Naturgeist aufnehmen zu können, weshalb mein Mann und ich in einen der wunderschön angelegten Wanderwege rund um die Kuranstalt einbogen. Wieder hatten wir den Eindruck „geführt" zu werden, denn bald umgaben uns Stille und Frieden. Der Lärm der nahen Autobahn war nicht mehr zu hören, nur das Zwitschern der Vögel begleitete unseren gemächlichen Spaziergang. Herrlich alter Baumbestand zu beiden Seiten des Weges erfreute Herz und Augen. Ein glatter Fels, eingerahmt von zwei alten Fichten, lud zum Rasten ein. Während mein Mann mit der Kamera auf Motivsuche ging, setzte ich mich auf den Felsen, holte die Flasche mit dem abgefüllten Wasser aus dem Rucksack und begann zu meditieren, nachdem ich mich mit der Erdenmutter verbunden und für die Energie der Neuen Zeit geöffnet hatte. Artinus meldete sich schon nach kurzer Zeit:

Diesem heilenden Wasser liegt bereits eine besondere Heilkraft inne. Deshalb ist es auserwählt, mit der Schwingung Magnetismus plus zusätzlich angereichert zu werden. Dies hat zur Folge, dass die Wirkung aller anderen Heilquellen-Kristalle dadurch noch um ein vielfaches verstärkt wird.

Mit dieser Schwingung können Menschen den nötigen Schub zum Vorwärtsgehen erhalten, den sie zu diesem Zeitpunkt benötigen. Jeder Mensch reagiert unterschiedlich auf die Energien der Neuen Zeit. Wenn jemand zu ungeduldig ist und sich erwartet, dass die Heilquellen-Kristalle ihm die Arbeit des „Aufarbeitens eigener Blockaden“ abnehmen, wird er nicht den gewünschten Erfolg haben. <u>Sie sind Stütze,</u> aber kein Ersatz für einen mangelnden Willen zur Selbstverantwortung und zur Bereitschaft, sich zu verändern. Die Heilquellen-Kristalle können das eigene Handeln stärken und neue Erkenntnisse erschließen. Sie können offener werden lassen, für die Energien der *feinstofflichen Welt und für die Erkenntnisse der Neuen Zeit. Denn diese fordert ein Mittun, eine Bereitschaft für Herz- und Seelenöffnung und den Glauben daran, dass Energie/Schwingung, auch wenn sie nicht sichtbar ist, in allen Bereichen des Lebens vorhanden, heilend wirkend und stets präsent ist.*

Ich hielt die Flasche mit beiden Händen in den Strahl des Sonnenlichts, der mit unbeschreiblicher Wärme den Platz auszeichnete, auf dem ich saß. Ich spürte ganz stark die Nähe von Artinus und seine Energie umfing mich wie ein schützender Mantel. Während der Geist die Schwingung in das Wasser leitete, betete ich:

Herr, stärke die Herzen aller. Lass sie das Licht erkennen, das sie sind, und hilf ihnen, sich ihrer eigenen Schöpferkraft bewusst zu sein.

Möge die Kraft deiner Liebe jeden Menschen zur Höchstleistung anspornen, denn das ist, was seiner Seele würdig ist.

Herr, ich danke dir für die Gnade dieser Durchsagen und Erkenntnisse. Mögen sie zum Wohle aller sein, die im

Glauben an Dich, sich für das Licht und die Liebe entscheiden. Hilf denen, die noch einen Umweg gehen, denn du allein weißt, dass auch sie letztendlich in deine Arme zurückkehren werden.

AMEN

Kraftgebet für Heilquellen-Kristalle:

‚Magnetismus plus‘

Zwischen zwei Herzschlägen kann so vieles geschehen, kann sich Schmerz zur Freude wenden.

Aus der Glut sich Neues formen und Leben können sich vollenden.

Höre die Botschaft der Liebe, die durch den Herzschlag zu dir spricht.

Sieh die Hoffnung neu erstehen, und der Liebe strahlendes Licht.

Zwischen zwei Herzschlägen kann so vieles geschehen,

lässt du es einfach zu.

Wenn Gefühle erwachen, die nie mehr vergehen, kommt dein Herz endlich zur Ruh.

Nimm die Liebe an wie sie ist, sage freudig zu ihr, ja.

Wenn du dich einmal einsam fühlst, weißt du erst wie kostbar sie war.

Höre die Botschaft der Liebe, die durch die Zeit zu dir spricht.

Sieh die Hoffnung in den Gesichtern. Sei das Licht, das die Dunkelheit durchbricht.

An der Heilquelle mit der Schwingung:

‚Schutz vor Negativität'

In diesem Ort sich einzufühlen, bedeutete zu spüren, wie die Wesen der Natur in der Energie der Gottesmutter baden. So viele Elfen und Feen, so viele neue, unbekannte Helfer von Artinus sind hier um diesen Gnadenort versammelt, wo „Ankommen" wörtlich zu nehmen ist. Die vielen Naturgeister und Elementare, sie tanzen und singen an diesem Ort zu Ehren Gottes und der Heiligen Mutter, deren Bildnis in der kleinen angrenzenden Kapelle vom Licht der brennenden Kerzen angestrahlt wird. Mitten in der Natur, eingerahmt von bewaldeten Felsen und einem klaren Gebirgsbach, bietet dieser Platz dem Wanderer die Möglichkeit innere Einkehr zu halten, sich am klaren kalten Wasser der Quelle zu erfrischen und sich mit einem Gebet zu bedanken, für all das, was ihn ausmacht. Das Rauschen des Baches summt dazu die Melodie, in die jeder fühlende Wanderer sich einschwingen kann: Gott, wie groß bist du! Vater, wie sehr danke ich dir für all das, was du für uns geschaffen hast!

Hier fühle ich die Leichtigkeit, den Frieden, das „Ankommen in der Neuen Zeit." Hier fühle ich mich gehalten von beiden Müttern. Wie oben so unten. In der Meditation erlebte ich die Segnung „zum Schutz vor Negativität" durch Artinus, der diesem Wasser, das ich abgefüllt in Händen hielt, diese Schwingung einverleibte. Ich kniete auf der Bank vor der Kapelle, von oben fiel das Licht der Sonne auf mich, und aus der Kapelle spürte ich die wärmende Energie der Gottesmutter. Die starke Kraft des Wassers in meinen Händen konnte ich in meinem ganzen Körper spüren. Sie legte sich wie ein schützender Mantel um mich, und Artinus bestätigte mit seinen Worten mein Fühlen.

Wasser mit der Schwingung Schutz vor Negativität ist in diesen Zeiten der Umwandlung und Neuausrichtung des Planeten notwendiger denn je. Manche Menschen werden mit den höheren Energien, die ständig auf den Planeten einfließen, nicht fertig. Sie reagieren aggressiv darauf und machen ihrem Umfeld das Leben schwer, weil sie nicht wissen, wie sie mit Harmonie, mit Licht, umgehen sollen. Zusätzlich sind vermehrt Wesen aus dichteren Frequenzen präsent, da es immer zwei Seiten geben wird. Gibt es viel Licht - gibt es auch viel Schatten. So lange, bis die Menschheit bereit ist, das Licht „zu halten" und mit den dichteren Energien umzugehen lernt. Ein Mensch, der sich seines Lichts bewusst ist und seinen Lebensplan auf das Göttliche in ihm ausrichtet, wird sich um negative Energien nicht sorgen, sie finden bei ihm keinen Anhaltspunkt. Menschen, die merken, dass sich in ihrem Umfeld Negativität/Aggression ausbreitet, können mit diesen Heilquellen-Kristalle denjenigen unterstützen, der diesen negativen Schwingungen ausgesetzt ist.

In der Neuen Zeit breitet sich die mütterliche Energie immer weiter aus, und als Folge davon, bäumen sich kriegerische und zerstörerische Energien noch ein letztes Mal auf. Doch diese dunklen Schatten lösen sich immer mehr im Licht auf. So wie lange Zeit die Dunkelheit das Licht aufgesogen und zurückgehalten hat, so geschieht nun die Umkehrung. Mit dem Unterschied, dass das Licht frei ist von Vergeltung und Unterdrückung. Es nimmt die Schatten in sich auf und gibt ihnen die Möglichkeit, sich im Lichte aufzulösen. Das geschieht nicht ohne Einfluss auf die Menschheit, auf ihre Körper und Psyche. Vor allem Männer tun sich schwerer damit, anzunehmen, dass die weibliche Energie die Führung zu übernehmen beginnt. Sie reagieren mit Aggression, mit dem Ausleben von Süchten und mit der Demonstration von Stärke. Doch ihre Stärke ist nur eine scheinbare. Es ist jedoch ihr Lernprozess, sich damit auseinanderzusetzen. Damit dies in friedlicherer Weise für sie und für ihr Umfeld vor sich gehen kann, soll dieses heilige Wasser mit der zusätzlichen Schwingung beitragen.

Kraftgebet für Heilquellen-Kristalle:

‚Schutz vor Negativität'

Es steht eine Statue im Fels, voll Reinheit mit göttlichem Wissen.

Geborgen in diesem Frieden, kann Liebe dort grenzenlos fließen.

Maria trocknet die Tränen der Zeit und öffnet ihre Arme ganz weit.

So viele Herzen finden Trost im Gebet, wo in Fels gehauen, die Statue steht.

Vor der Figur der Madonna knien die Menschen nieder,

warten auf ein Zeichen von ihr und kommen immer wieder.

Im Gebet mit der Muttergottes fangen sie an, ihre Botschaft zu verstehen.

Warten nicht mehr nur auf Wunder, weil diese auch im Herzen entstehen.

Madonna der Liebe, zeige mir den Weg, so wie du zu empfinden.

Um diesen Frieden, der du bist, in mir selbst zu finden.

Madonna der Liebe, zeig mir den Weg, wie du die Liebe zu spüren.

Niemals wieder werde ich meinen Glauben an dich verlieren.

ERKENNTNIS

In diesen Tagen und Stunden, wo mein Mann und ich unterwegs waren, um jene Heilquellen aufzusuchen, die Artinus mir benannte, fand bei uns ein großes Umdenken statt. Zwar schätzten wir beide jeden Tropfen Wasser und gingen schon lange mit diesem kostbaren Gut sorgsam um, doch hatten wir uns nicht so viele Gedanken darüber gemacht, welche Botschaften u. Gefühle das Wasser übermitteln konnte. Wir ahnten nicht, dass es wie ein Ruf sein konnte, eine bestimmte Quelle aufzusuchen, um die Energie dieses Ortes aufnehmen und fühlen zu können. Wasserforscher vermuten schon länger eine Art kosmische Energie in heiligen Quellen, vergleichbar mit dem genetischen Code des Menschen. Ich konnte feststellen, dass es so ist. So wie jeder Mensch verschieden in seinem Ausdruck ist, so ist es auch jedes heilige Wasser. Wenn man dieses Wasser in seinen Händen auffängt, es mit einem Dankgebet trinkt, wird man bei jeder Quelle Unterschiede feststellen können. Wenn man dann noch dazu die Gabe des Fühlens einsetzt, wird man bald merken, welch heilende, belebende Wirkung das Wasser in den unterschiedlichen

Körperregionen hervorrufen kann. Dadurch, dass Artinus diesen heiligen Wassern jene zwölf zusätzlichen Segens-Schwingungen erteilte, bezeichne ich es als „Natur-Apotheke“, als Gottes-Geschenk, das darüber hinaus helfen kann, mit den vielfältigen Problemen, denen man im Menschsein ausgesetzt ist, leichter klarzukommen.

Ich bin gespannt, welche Neuigkeiten die Neuen Energien noch für uns Menschen übrig haben. Ich weiß, dass dies alles erst der Beginn dessen ist, was sich ändern kann und wird, und welche einfachen Hilfsmittel uns noch gezeigt werden, die unser normales materielles Leben mit jener spirituellen Komponente in Verbindung bringen werden, das unserem Dasein gerecht werden wird. Denn wir sind nicht nur Mensch, wir sind vor allem Bewusstsein, das mit einem Auftrag in diese Welt gekommen ist. Wir haben unseren Geist mit der Körperlichkeit umgeben, damit wir auf diesem Planeten etwas bewegen; damit wir anderen beistehen können, die auf der Suche nach dem Licht sind, weil sie noch nicht gelernt haben, hinter die Illusionen zu schauen. Damit wir selber lernen unsere eigene Schöpferkraft zu nutzen und verstehen, dass alles, was wir für unseren Weg und für den Aufstieg benötigen, in uns ist.

Wasser sorgt für das Gleichgewicht in allen Systemen, und ist so alltäglich wie die Luft zum Atmen. Es ist in unseren Breiten im Überfluss vorhanden und eine Quelle für Regeneration, für Heilung, für Inspiration, für den Austausch kosmischer Energie. Es ist ein Mysterium, das man mit Worten nicht erklären kann. Doch man kann es mit Dankbarkeit segnen und sich stets bewusst sein, wie reich man beschenkt ist, wenn köstliches Nass allezeit und in hervorragender Qualität vorhanden ist. Noch etwas wurde mir in Zeiten der Quellen-Wanderung bewusst: Mit wie viel Frieden, Reichtum und Harmonie sind wir in unseren Breiten doch gesegnet. Und trotzdem hadern so viele mit ihrem „Schicksal“. Wir alle haben uns in vielen Leben immer weiter von der Wahrheit - jener der Liebe - entfernt. Wir haben vergessen wer wir sind, was der wahre Zweck unseres Daseins ist. Wir sind Illusionen hinterhergejagt, haben die Glaubensmuster anderer als unsere eigenen angenommen, und haben Götter angebetet, die diese Bezeichnung nicht verdienen. Wenn man viel Zeit in der Natur verbringt, wird so vieles nebensächlich, was einem im normalen Tagesablauf zur Verzweiflung bringen kann. Zwischen den Bäumen findet man auf einmal auch Wege für die Rückkehr der Seele zu ihrer Urkraft, zur Einsicht dessen, was uns wirklich ausmacht.

Nach der Wanderung zur letzten der zwölf Quellen suchte ich einen der neuen Kraftplätze auf, die mir von Artinus gezeigt wurden, und bedankte mich gesondert mit einer Handvoll bunter Edelsteine, um sie Mutter Erde als Ausdruck meiner bescheidenen Gegenleistung zu übergeben. Für Außenstehende war an diesem Platz nichts Ungewöhnliches zu bemerken. Vielleicht die besondere Anordnung der Bäume, das intensivere Leuchten des Grases oder der Blick auf den schneebedeckten Gipfel, der in der Ferne zu sehen war. Intensiv zu fühlen war hier jedoch die Energie. Sie verursachte mir Herzklopfen und brachte mir eine gesteigerte Wahrnehmungsfähigkeit. Ich setzte mich auf den Boden und nahm Verbindung zu Artinus auf, um auch ihm nochmals von Herzen Danke zu sagen für die Kommunikation, für die Preisgabe der ganz besonderen Heilquellen und dafür, dass er diese Wasser noch mit jenen zusätzlichen Schwingungen segnete, die anderen helfen könnten, mit den Energien der Neuen Zeit in intensivere Verbindung zu kommen.

Ich begleite dein Dankgebet, das aus deinem fühlenden Herzen kommt, mit meiner Liebe. Ich bitte dich, die Erkenntnisse, die du aus unserer Zusammenarbeit gewonnen hast, in deinem Leben umzusetzen. Ich bitte dich, kehre zurück zur Wahrheit. Sie ist das, woraus du gekommen bist und worin du einst zurückkehren wirst. In der Wahrheit ist Gott, ist die Liebe, die er ist und die er dir mitgegeben hat. Vergiss nicht, dass dein Leben eine Berufung ist. Jeder Mensch ist auf diese Erde gekommen, um seine Berufung zu leben. Viele Menschen haben sich lange Zeit, manche von euch jahrhundertelang der inneren und äußeren Wandlung hingegeben. Sie sind in das Fühlen gegangen, um zu erkennen, dass alles, was sie bis jetzt geworden sind, lediglich eine Einführung in den Ausdruck des Selbst ist, der sich ihnen in der Neuen Zeit zeigen wird.

Das ist auch, was ich dir mit unserer Verbindung aufzeigen möchte: deinen Ausdruck im neuen Zeitalter.

Er ist geprägt von einem größeren Verständnis allem Leben gegenüber, wie auch der Schöpfung insgesamt. Auch jener, die ihr als „tote Materie“ klassifiziert. Durch deine Bereitschaft, dich in die Energien von Bäumen, Steinen und den Elementen einzuschwingen, hast du erkennen können, wie alles miteinander verbunden ist. Alles ist Schwingung. Alles, mit dem du dich ausdrückst, geht in Interaktion mit deinem Umfeld und mit jenem größeren Feld, das ihr Morphogenetisches Feld nennt. In diesem größeren Feld ist jedoch noch viel zu viel Angst gespeichert. Diese Angst-Energien werden von jenen Menschen geschürt die manipulieren und mit den Ängsten der Menschen Geschäfte machen.

Es liegt an den lichtvolleren Seelen, das zu ändern!

Wenn immer mehr Menschen einen Wandel hin zu mehr Harmonie und Frieden möchten, wenn sie dafür bereit sind Vorbildwirkung zu übernehmen, indem sie die eigene Veränderung einleiten, dann wird sich das im größeren Feld bemerkbar machen. Dann werden sich die Energien darin verschieben. Von Angst zu Liebe. Es gibt nur diese zwei Emotionen, aus denen alle weiteren entstehen. Der Mensch hat die Wahl!

Du, meine Liebe, durftest den wunderbaren Frieden erleben, den die Schöpfung dir in der Verbindung mit der Natur aufzeigte. Du konntest die Wertschätzung spüren, die dir von den Energien entgegengebracht wurde, und du durftest erfahren, welches großartiges Geschenk dir gegeben wurde, weil du bereit warst, Herz und Seele für die Belange der Naturwesen zu öffnen.

Die Heilquellen, zu denen ich dich führte, und die ich mit zusätzlichen heilenden Schwingungen versetzte, sollen, so wie ich es dir zeigte, in eine Trägersubstanz eingeschwungen werden. Dadurch werden diese Energien auf einzigartige Weise als Heilquellen-Kristalle bei allen Menschen, die es zulassen, ein Umdenken herbeiführen. Die Heilquellen-Kristalle machen einen breiten Schwingungsbereich, von der Urkraft der Salzkristalle bis hinauf in die feinstofflichen Ebenen der Neuen Zeit zugänglich.

Sie sind eine Unterstützung, damit die Menschen bereiter dazu werden, sich auf die Veränderung der

Neuen Energien einzulassen. Auf die Tatsache, dass Wandel längst eingesetzt hat, ebenso wie die Rückbesinnung. Immer mehr Menschen halten in ihrer Lebensplanung inne – denken nach – hinterfragen das Leben, das sie führen. Immer mehr davon sind bereit „auszusteigen". Etwas völlig Neues zu beginnen, das im Einklang steht mit ihrem geänderten Denken. Sie wagen den Schritt ins Ungewisse, nicht ahnend, dass sie dabei der Göttlichen Führung folgen, die sie auf den Weg zurück zur Liebe, zum Erkennen ihres wahren Selbst bringt.

Nur in dem Wissen dessen, dass ihr an einem Punkt angelangt seid, den ihr in eurem eigenen Interesse nicht überschreiten solltet, versteht ihr die Sorge der Erdenmutter, deren Warnungen ihr so oft in den Wind geschlagen habt. Sie waren Zeichen zur Einsicht. Sie sind Vorboten dessen, was noch geschehen kann, wenn ihr das größere Feld über euren Köpfen nicht mit mehr Liebe füllt.

Die Geistige Welt ist voller Erwartung, wie sehr ihr bereit seid, euer bequemes Leben zu hinterfragen. Wie viel ihr bereit seid davon aufzugeben, um in den Raum einzutreten, der vom Licht eures liebenden Herzens erfüllt ist: Vom Frieden, der größeres spirituelles und menschliches Wachstum ermöglicht; von der Leichtigkeit, euer Sein leben zu können und die feinstoffliche Umwelt dabei miteinzubeziehen; von der Freude, die euch erfüllen wird, wenn sich darin die Erkenntnis breit macht, dass die Rückkehr zur Wahrheit in Wirklichkeit den Quantensprung ins neue Zeitalter bedeutet. In die Energien, die von Licht und Liebe erfüllt, allen ein friedlicheres Leben ermöglichen. Ein Leben in Symbiose mit der Gottes – und der Erdenmutter, mit dem Schöpfer und seiner gesamten Schöpfung. In der Erkenntnis eins zu sein mit: ICH BIN DER ICH BIN.

So sei es!

Über die Heilquellen-Kristalle

mit KIRINA® Engelschutz versiegelt

In den Heilquellen-Kristallen sind neben der bekannten Information bestimmter Heilwasser die Schwingungen feinstofflicher Energien gespeichert, die ihre Wirkung erst entfalten, wenn sie in Wasser aufgelöst werden. Die Heilquellen-Kristalle begleiten persönliche Entwicklungsprozesse und machen auf einzigartige Weise einen sehr breiten Schwingungsbereich, von der Urkraft der Kristalle bis hinauf in die feinstofflichen Ebenen der Neuen Zeit zugänglich. Die Informationen/Energien, die diese Heilquellen mit sich führen, werden durch geistigen Auftrag durch Ursalz-Kristalle in die Materie gebracht. Sie müssen wieder mit Wasser in Verbindung gebracht werden, damit die Übertragung dieser Information stattfinden kann.

Die Energieimpulse in den Salzkristallen stammen von Artinus aus der lichtvollen geistigen Ebene der Neuen Zeit und werden durch Kanalisierung an die Trägersubstanz gebunden. Die Informationen wurden in Ursalz-Kristalle eingearbeitet, um auszuschließen, dass beim Verschicken des Produkts Fremdprogrammierungen stattfinden können, wie dies beim Wasser der Fall wäre. Die Schwingungs-Informationen sind zusätzlich mit dem energetischen Schutz des Kirina® Engels versehen.

12 Heilquellen-Kristalle in 100ml und 50 ml Glas lieferbar:

Sternenlicht :

Verstärkt das eigene Seelenlicht. Harmonisiert Beziehungen, öffnet die Seele u. kann die Lichtfrequenz in den Zellen steigern. Unterstützt Seelenheilung und verbindet dich mit deinen medialen Fähigkeiten.

Dimensionslicht:

Verstärkt das Bedürfnis, seinem Engelauftrag zum höchsten Wohle nachzukommen. Kann mit den Einhörnern verbinden und das Eins sein fördern.

Verbindung mit dem Kosmos:

Kann die Erkenntnis der Verbundenheit mit anderen Bewohnern des Kosmos fördern u. das Bedürfnis stärken, in gegenseitigem Kontakt zu treten. Kann dich mit dem Klang des Universums verbinden.

Lichtwesen der Neuen Zeit:

Kann uraltes Wissen in Kristallen offenbaren. Stärkt die Verbundenheit mit der Natur, hilft Lebensfreude, Selbstliebe u. Selbstheilungskräfte zu erhöhen.

Aufstieg :

Unterstützt Körper und Geist bei der Umwandlung, hilft in Balance zu kommen und aufzulösen, was in der Gedanken-,Gefühlswelt und im Unterbewusstsein nicht Licht ist. Beschleunigt Aufstiegsprozess und Herzöffnung

Toröffnung :

Kann Wege zu neuen Erkenntnissen aufzeigen. Fördert das Bedürfnis, Veränderung in allen Bereichen zuzulassen, hilft Selbstverantwortung zu übernehmen und aus der Opfer/Täterrolle auszusteigen

Elfentanz :

Diese Schwingung kann Kindern helfen Ängste abzubauen. Fördert ruhigen Schlaf und hilft Hürden zu nehmen.

Tiere:

Unterstützt den Aufstieg der Tiere in lichtvolle Frequenzen und hilft Blockaden in Körper, Geist und Seele aufzulösen. Harmonisiert ihre Beziehungen zur Umwelt.

Pflanzen:

Diese Schwingung unterstützt den Aufstieg in lichtvollere Frequenzen, stärkt ihre Aura und ihr Wachstum.

Heimgehen ins Licht :

Hilfestellung beim Loslassen, wenn die Seele bereit ist ins Licht zu gehen. Diese Schwingung hilft die Ängste abzubauen, die mit dem Übergang oft verbunden sind.

Magnetismus plus :

Verstärkt die Wirkung aller anderen Heilquellen-Kristalle positiv.

Schutz vor Negativität:

Zum Schutz vor negativer Schwingung u. Aggression

Anwendung: 1 Prise Kristalle in ¼ lt. Wasser/Tee/Obstsäfte aufgelöst trinken. Bis zu 1lt.am Tag. Danach die doppelte bis 3-fache Menge an reinem Wasser nachtrinken. Auch geeignet zum Würzen von Speisen/ 1-2 EL. dem Badewasser beigeben. (Außer bei Tiere und Pflanzenkraft!)

Empfehlung aus der Geistigen Welt für die Themen-Auflösung: Die Heilquellen-Kristalle 2 Monate lang in Wasser aufgelöst einnehmen, dann 1 Monat pausieren. 2 x wiederholen. Wenn danach das Gefühl von energetischen Blockaden noch da ist, nach einem halben Jahr Pause wieder von vorne mit der Themenauswahl beginnen.

In 1 lt. Schwingungswasser jeweils nur ein Thema der Heilquellen-Kristalle geben. Wenn ein Bedürfnis zum Wechsel besteht, dann nur im Wochenabstand.

Heilquellen-Kristallspray zur Aurareinigung:

Freiheit:

Unterstützt das Bedürfnis sich für die spirituelle Welt zu öffnen und hilft Veränderungen einzuleiten.

Öffnen:

Steigert das geistige Wahrnehmungsvermögen. Verstärkt die Kommunikation mit Lichtwesen.

Lösen:

Hilft bei der Auflösung gestauter Energien u. festsitzender Blockaden bei Mensch u. Tier. Schützt bei Menschenansammlungen, reinigt nach negativen Zusammenkünften.

www.elias-buch-bild.at

office@elias-verlag.com Tel/Fax 0043 (0) 3577 82192

Danke!

Mein herzlicher Dank gilt meinem Mann, der mich stets unterstützt, motiviert, mich mit seiner Liebe beim Schreiben begleitet und an der Verwirklichung meiner Bücher und im Besonderen der Heilquellen-Kristalle mitwirkt.

Zutiefst dankbar bin ich meiner Energetikerin Barbara Ljubi, deren reiner Kanal zu den Engeln mir immer neue Wege öffnet, wenn ich zu sehr ins menschliche Denken abgleite. Ihre „Arbeit“ trägt maßgeblich dazu bei, dass meine Verbindung zu den Naturwesen und zu den Engeln immer intensiver wird und meine Texte von so hoher Licht-Energie erfüllt sind.

Besonderen Dank spreche ich meiner lieben Freundin und Lektorin Eleonore Pichler aus, die mit Hingabe alle meine Werke bearbeitet.

Und schließlich genügen Worte nicht, um die Dankbarkeit auszudrücken, die ich gegenüber der Göttlichen Führung und Artinus empfinde, dafür, dass ich Kanal für ihre Durchsagen sein darf.

Bisher erschienen:

ISBN 3-9502080-2-X
Seiten 204 € 16,90

ISBN 3-9502080-0-3
127 Seiten € 9,90

ISBN 3-9502060-1-1
Seiten 100 € 14,90

ISBN 3-950208 3-8
260 Seiten € 1890

ISBN 978-3-941363-21-2
152 Seiten € 15,50

ISBN 978-3-941363-80-9
144 Seiten € 15,50

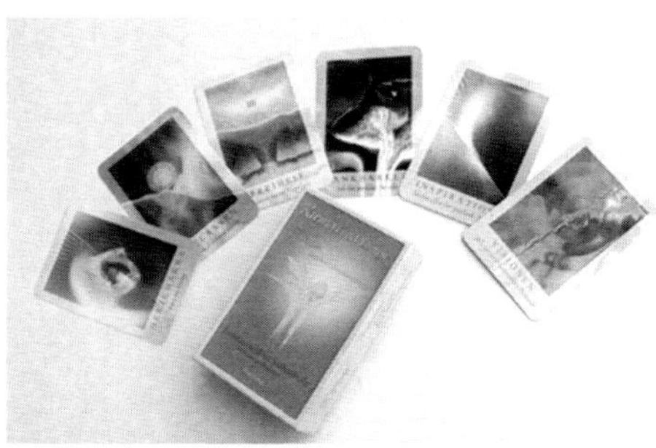

Engel-Kartenset mit Handbuch € 19.90

Heilquellen-Kristalle

Heilquellen-Kristallspray